Nueva edición
Compañeros
Curso de español

4

Compañeros
Nueva edición
Curso de español

4

Cuaderno de ejercicios

Francisca Castro   Ignacio Rodero   Carmen Sardinero   Begoña Rebollo

Primera edición, 2016

Produce: SGEL – Educación
Avda. Valdelaparra, 29
28108 Alcobendas (Madrid)

© Francisca Castro, Ignacio Rodero, Carmen Sardinero, Begoña Rebollo
© Sociedad General Española de Librería, S. A., 2016
Avda. Valdelaparra, 29, 28108 Alcobendas (Madrid)

Dirección editorial: Javier Lahuerta
Coordinación editorial: Jaime Corpas
Edición: Belén Cabal y Yolanda Prieto
Corrección: Ana Sánchez

Diseño de cubierta: Ignacio Rodero Sardinero
Fotografía de cubierta: Diego Lezama
Diseño de interior: Verónica Sosa
Maquetación: Leticia Delgado

Ilustraciones: ÁNGELES PEINADOR: pág. 18 (ej. 3), pág. 31 (ej. 1), pág. 34 (ej. 4), pág. 37 (ej. 1), pág. 42 (ej. 5), pág. 70 (ej. 4), pág. 71 (ej. 7). SHUTTERSTOCK: pág. 10 (ej. 3), pág. 17 (ej. 1), pág. 38 (ej. 1).

Fotografías: CORDON PRESS: pág. 30 foto linces y pág. 69. GETTY IMAGES: pág. 47. SHUTTERSTOCK: Resto de fotografías, de las cuales, solo para uso de contenido editorial: pág. 7 foto 3 (Michael Warwick / Shutterstock.com), y sello (neftali / Shutterstock.com); pág. 11 (neftali / Shutterstock.com); pág. 15 foto 7 (BillionPhotos / Shutterstock.com); pág. 22 (Maxisport / Shutterstock.com); pág. 26 coche (Michael Shake / Shutterstock.com); pág. 27 foto 1 (Valery Potapova / Shutterstock.com); pág. 44 foto pequeña Chernóbil (Liukov / Shutterstock.com); pág. 52 fotos 2 (Orlok / Shutterstock.com), 3 (Malcom Chapman / Shutterstock.com) y 4 (Janossy Gergely / Shutterstock.com); pág. 53 (Jess Kraft /Shutterstock.com).

Para cumplir con la función educativa del libro se han empleado algunas imágenes procedentes de internet.

Audio: Cargo Music

ISBN: 978-84-9778-914-1 (edición internacional)
       978-84-9778-942-4 (edición Brasil)

Depósito legal: M-37262-2016
Printed in Spain – Impreso en España
Impresión: Gómez Aparicio Grupo Gráfico

Cualquier forma de reproducción, distribución, comunicación pública o transformación de esta obra solo puede ser realizada con la autorización de sus titulares, salvo excepción prevista por la ley. Diríjase a CEDRO (Centro Español de Derechos Reprográficos) si necesita fotocopiar o escanear algún fragmento de esta obra (www.conlicencia.com; 91 702 19 70 / 93 272 04 47).

Contenidos

Punto de partida — **6**

Unidad 1	**Cine y televisión**	**10**
Unidad 2	**Deportes y aventura**	**17**
Unidad 3	**Ciencia y tecnología**	**24**
Unidad 4	**La vivienda y los jóvenes**	**31**
Unidad 5	**El cambio climático**	**40**
Unidad 6	**Multiculturalidad**	**47**
Unidad 7	**¡Gastar y gastar!**	**54**
Unidad 8	**Relaciones personales**	**61**
Unidad 9	**Literatura y teatro**	**68**

Transcripciones — **75**

Punto de partida

VOCABULARIO

1 Añade cuatro palabras relacionadas.

1 rascacielos, ..., ..., ..., ...

2 cinturón, ..., ..., ..., ...

3 portada, ..., ..., ..., ...

4 crudo, ..., ..., ..., ...

5 crema solar, ..., ..., ..., ...

6 informático, ..., ..., ..., ...

7 redactor, ..., ..., ..., ...

8 alto, ..., ..., ..., ...

2 Completa el crucigrama.

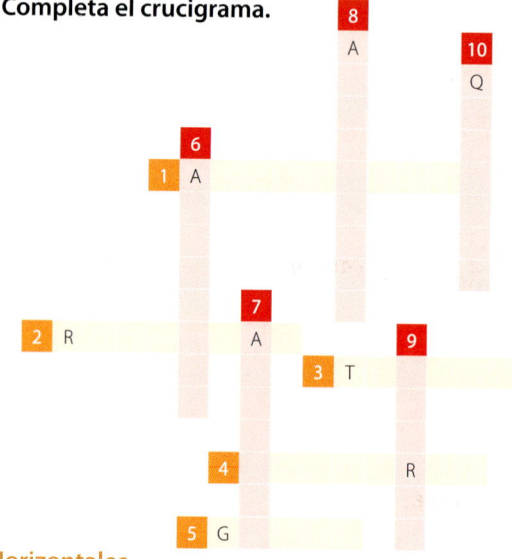

Horizontales

1 Antoni Gaudí era ....
2 Juan compra muchas .... de motos.
3 Cuando voy a la playa, siempre me llevo una .... para tumbarme en la arena.
4 Ana me regaló un .... plateado para el pantalón vaquero.
5 Si vas a la montaña en verano, es necesario llevar una .... para la cabeza.

Verticales

6 He cogido el .... para subir al ático.
7 Encontré trabajo en un .... del periódico.
8 Mis padres fueron al .... a escuchar un concierto.
9 Penélope Cruz es una gran ....
10 Yo compro el periódico en el ....

3 Escribe el contrario de los siguientes adjetivos.

1 alto ....
2 rubio ....
3 oscuro ....
4 antipático ....
5 habladora ....
6 vaga ....
7 fácil ....
8 generosa ....
9 ancho ....
10 ordenado ....

4 Completa las frases con las siguientes palabras.

sincera • vitaminas • entradas • ayuntamiento
dependiente • batería • mochila • anillo

1 Antonio compró las .... para el concierto de Madonna.
2 El .... que me atendió en la tienda era muy amable.
3 Mi primo toca la .... en un grupo de *rock*.
4 Las frutas y las verduras tienen muchas ....
5 Mi padre le ha regalado a mi madre un .... de oro.
6 Ayer fui al .... a entregar unos papeles.
7 Amanda es muy ...., siempre dice la verdad.
8 Cuando voy de *camping*, llevo mi ropa en una ....

5 Mira las fotos y completa las expresiones.

Hablar por teléfono.

1 .... la televisión.

2 .... los dientes.

3 .... el autobús.

4 .... ejercicio.

5 .... en efectivo.

GRAMÁTICA

Verbos *ser* y *estar*

1 Completa las frases con la forma correcta de los verbos *ser* o *estar*.

1. Ayer Enrique .... en el Museo del Prado con algunos compañeros.
2. Me gusta estar con mis primos. .... muy divertidos.
3. Ana .... preocupada porque no había terminado el trabajo de ciencias.
4. Hoy .... muy cansado porque no he dormido bien.
5. En Navidades Alberto y Alejandra .... en Turquía.
6. Mis padres .... bastante jóvenes. Van a cumplir treinta y cinco años.
7. En 2012 la selección española de fútbol .... la campeona de Europa.
8. El fin de semana pasado, nosotros .... en casa de Luis porque .... su cumpleaños.
9. La revista *Manga* .... japonesa.
10. Jesús .... muy tranquilo, pero ayer .... un poco nervioso porque tenía una entrevista.

Pronombres

2 Completa la postal con los siguientes pronombres.

nos (x3) • les • te (x2) • me • le

Hola, Irene:

[1] ___ escribo desde Bayona, en Galicia, donde estoy pasando las vacaciones con mi familia. A mi hermana [2] ___ gusta mucho hacer submarinismo y a mis padres [3] ___ encanta comer marisco. Mañana, mis padres [4] ___ van a llevar a mi hermana y a mí a las Islas Cíes. Allí [5] ___ encontraremos con unos amigos que tienen un barquito. Yo [6] ___ lo estoy pasando fenomenal, ya [7] ___ contaré más cosas cuando [8] ___ veamos en Madrid.

Amanda

Pretérito imperfecto / Pretérito indefinido

3 Completa las frases con el pretérito imperfecto o pretérito indefinido de los verbos entre paréntesis.

1. El verano pasado mi familia y yo (viajar) _____ por todo el sur de España.
2. Cuando mi padre (ser) _____ joven, (ir) _____ al río a pescar a menudo.
3. Ramón (casarse) _____ con una chica que (tener) _____ veinte años.
4. Ayer por la tarde yo (salir) _____ con mis amigos y (ir) _____ al cine.
5. En vacaciones yo (levantarse) _____ a las diez y ayer (levantarse) _____ a las siete y media.

Imperativo

4 Ha empezado el curso y la profesora de español te ha dado unos consejos para aprender bien el idioma. Completa las frases con los imperativos de los siguientes verbos.

> hablar • ver • estudiar • leer • ser • buscar • traducir

1. _____ las palabras nuevas en el diccionario.
2. _____ las películas en versión original.
3. _____ el vocabulario nuevo.
4. _____ con tus compañeros en español.
5. _____ libros de español.
6. No _____ literalmente.
7. No _____ tímido, lánzate a hablar.

Presente de indicativo / Presente de subjuntivo

5 Elige la forma correcta.

1. Terminaré los deberes cuando **vuelvo / vuelva** de música.
2. Cuando **voy / vaya** a tu casa, te llevaré el juego.
3. Cuando **vienen / vengan** mis amigos a casa, jugamos con el ordenador.
4. Juan me llamará cuando **llega / llegue** al hotel.
5. ¿Qué haces cuando no **sabes / sepas** algo?
6. Cuando **leo / lea** la trilogía *Memorias de Idhún*, me compraré *Finis Mundi*.
7. ¿Qué vas a estudiar cuando **terminas / termines** el instituto?
8. Cuando **veo / vea** a Paula, le daré la entrada.

6 Corrige los errores en las frases siguientes.

1. No es necesario que compras comida.
2. He llamado a Jorge para que viene al cine.
3. Teresa va a venir para que le dejo los apuntes.
4. Es importante que hablas español en clase.
5. Cuando llega mi hermano, cenaremos.
6. Es obligatorio que los pasajeros llevar el cinturón de seguridad.
7. Se los estropeó el ordenador.
8. La profesora de música estuve el fin de semana pasado en Madrid.
9. Juan es muy triste porque ha suspendido el examen.
10. Cuando es Navidad, iremos a esquiar a los Pirineos.

Preposiciones

7 Elige la preposición correcta.

1. ¿Conoces _____ mis amigos _____ instituto?
   a a / en   b a / del   c con / desde
2. Yo siempre cruzo _____ el paso de cebra.
   a en   b para   c por
3. La película terminó _____ las diez de la noche.
   a de   b por   c a
4. He quedado _____ Julia _____ comprar un regalo a Alba.
   a con / para   b con / a   c por / para
5. _____ Madrid _____ Barcelona hay unos 600 km.
   a Por / a   b De /a   c Desde / por
6. Manuel no pudo llegar _____ el final de la carretera.
   a por   b para   c hasta
7. No hemos hablado _____ la fiesta de fin de curso.
   a desde   b a   c con

COMUNICACIÓN

1 Completa el diálogo con las siguientes frases.

a a la discoteca
b Es una idea genial
c Tengo que cuidar
d tengo dos entradas gratis
e te gustaría ir a ver
f me encantaría

Pablo: Oye, ¿[1] _____ un partido de baloncesto conmigo el viernes?
Ana: Lo siento, no puedo. [2] _____ de mi hermano.
Pablo: Bueno, ¿te gustaría ir [3] _____ el sábado por la tarde?
Ana: [4] _____, pero el sábado voy a casa de mis tíos.
Pablo: Bueno, entonces ya quedaremos otro día.
Ana: Espera, [5] _____ para el cine el domingo. ¿Te gustaría venir conmigo?
Pablo: Sí, [6] _____.

2 Escucha las siguientes conversaciones y completa.

A
Cristina: El sábado fui de compras con Patricia.
Marta: ¿[1] _____?
Cristina: Unos pantalones [2] _____ y una [3] _____ de rayas.
Marta: ¿[4] _____?
Cristina: En la calle Preciados, en Madrid.

B
Vigilante: ¿En qué [1] _____ ayudarle?
Javier: ¿Puede decirme dónde están [2] _____?
Vigilante: Por supuesto. Están en la planta [3] _____, al lado de [4] _____.
Javier: Muchas gracias.
Vigilante: [5] _____.

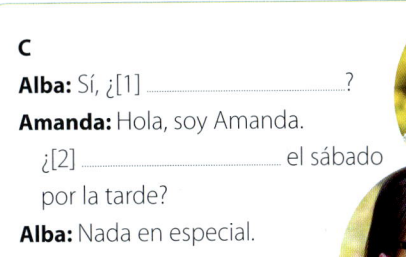

C
Alba: Sí, ¿[1] _____?
Amanda: Hola, soy Amanda. ¿[2] _____ el sábado por la tarde?
Alba: Nada en especial. ¿[3] _____?
Amanda: Tengo dos entradas para el musical Grease. ¿[4] _____ conmigo?
Alba: [5] _____. De acuerdo.

1 Cine y televisión

VOCABULARIO

1 Completa las frases con las siguientes palabras.

banda sonora • protagonistas • guion • sala
director • rodaje • entradas • película

1. El __guion__ trata de un mercenario que vivió en el siglo XVII.
2. La __película__ se desarrolla durante la guerra civil española.
3. El __director__ es Woody Allen.
4. Almudena se compró la __banda sonora__ de la película *Mamma Mía* porque le gustó mucho.
5. Los __protagonistas__ son actores muy famosos.
6. Cuando llegué al cine, Luis ya había sacado las __entradas__.
7. El __rodaje__ se realizó en Barcelona y Asturias.
8. Cuando entramos en la __sala__, la película ya había empezado.

2 Mira la cartelera de los Cines Ideal y di a qué género corresponden estas películas. Busca información en internet si lo necesitas.

1. Comedia
2. Animación / comedia
3. Oeste
4. Acción
5. Acción
6. Terror

3 Contesta el siguiente cuestionario. Busca información en internet si lo necesitas.

1. ¿Cuál de las siguientes películas no está basada en una novela?
   a. ☐ *Alatriste*
   b. ☐ *Rebeldes*
   c. ☒ *Vicky, Cristina, Barcelona*

2. ¿Cuál de las siguientes ceremonias no concede premios cinematográficos?
   a. ☐ Los Goya
   b. ☐ Los Óscar
   c. ☐ Los Grammy

3. ¿Qué actriz española recibió en 2009 el Óscar a la mejor actriz secundaria?
   a. ☐ Paz Vega
   b. ☐ Penélope Cruz
   c. ☐ Ariadna Gil

4. ¿Quién de los siguientes directores no ha recibido un Óscar?
   a. ☐ Carlos Saura
   b. ☐ Luis Buñuel
   c. ☐ Pedro Almodóvar

5. ¿Cuál de las siguientes películas no pertenece al género de la comedia?
   a. ☐ *Bienvenidos al Norte*
   b. ☐ *La boda de mi novia*
   c. ☐ *El lector*

6. La película *Los otros* fue dirigida por:
   a. ☐ Alejandro Amenábar
   b. ☐ Pilar Miró
   c. ☐ Guillermo del Toro

4 Rodea con un círculo la palabra correcta.

1 *El señor de los anillos* es mi **película / programa** favorita.
2 Las películas buenas deben tener actores geniales y un **guion / rodaje** interesante.
3 Yo nunca veo *Cómo ser millonario*. No me gustan los **concursos / documentales** que tienen como objetivo ganar dinero.
4 Las películas del oeste son el único **programa / género** que no me gusta.
5 Todas las noches veo *Cuéntame cómo pasó*, una **serie / banda sonora** de televisión muy entretenida.
6 Ayer fuimos al cine y no quedaban **taquillas / entradas** para ver la película que queríamos.
7 El **protagonista / guion** de la película que estrenan esta semana es Antonio Banderas.
8 Los actores se quejaron del **guion / rodaje** porque tuvieron que trabajar dieciocho horas seguidas.
9 La **banda sonora / película** se desarrolla durante la Edad Media en el sur de Francia.
10 El **guion / concurso** trata de un niño que pierde a sus padres en un accidente.

GRAMÁTICA

Verbos *le*

1 Elige el pronombre correcto.

1 A mi padre **le / les** molesta la música alta.
2 A Teresa no **le / les** gustan las películas de terror.
3 A nosotros no **le / nos** importa jugar el domingo por la tarde.
4 ¿A ti **les / te** interesan los problemas del medioambiente?
5 A mis amigos **le / les** encantan las películas de acción.
6 A mí **me / le** da igual cambiar la fecha del examen.
7 ¿Qué **les / le** ha pasado a Juan en el brazo? Lo tiene escayolado.
8 A mis padres **le / les** impresionó mucho la exposición «Los Etruscos».
9 A todos mis amigos **les / nos** encantó la película *Crepúsculo*.
10 ¿A ti **le / te** cae bien el hermano de Ricardo? Yo creo que es muy simpático.

2 Completa las frases con los pronombres correspondientes.

1 La programación de la televisión a mí no _____ parece interesante.
2 Lo que más _____ gusta a mis padres son las películas.
3 A mis amigas y a mí _____ encanta *Fama*.
4 ¿A vosotros _____ parece que hay demasiados anuncios en televisión?
5 ¿A ti _____ gustaría hacer un *casting*?
6 A ninguno de mis amigos _____ cae bien la presentadora de este concurso.
7 Creo que a mucha gente _____ gusta el cine de terror.
8 A mí no _____ importa ver las noticias todos los días.
9 A mis padres no _____ gustan nada los *reality shows*.
10 ¿Vosotros que _____ pediríais a la directora de esta cadena de televisión?

Verbos reflexivos para expresar sentimiento

3 Completa con el pronombre correcto.

1 En la fiesta de Mónica todos _____ divertimos mucho.
2 ¿_____ lleváis bien con la profesora de español?
3 Mi hermano _____ preocupa mucho por sacar buenas notas.
4 Yo _____ enamoré por primera vez cuando tenía 14 años.
5 Todos _____ pusimos muy contentos cuando ganamos el partido de baloncesto contra los profesores.
6 ¿_____ has enfadado conmigo porque no te invité a mi fiesta de cumpleaños?
7 Mi abuela _____ pone nerviosa cuando monta en avión.
8 Mis padres _____ conocieron en una fiesta de fin de año.
9 Yo _____ llevo bastante bien con los compañeros de clase.
10 ¿Tú _____ enteraste de la fecha de entrega del trabajo de música?

4 Elige el pronombre adecuado.

1 Andrea **se / le** enfadó con su hermana Sofía la semana pasada.
2 A los profesores **se / les** preocupa la situación de la enseñanza pública.
3 ¿Por qué **le / se** siente triste Ricardo?
4 **Se / Les** disgustaron mucho cuando **se / les** enteraron de que no tenías vacaciones.
5 **Les / Se** puso muy contentos saber que habían aprobado el examen de matemáticas.
6 A María **le / se** ha hecho mucha ilusión volver a ver a las amigas del campamento.
7 Mis padres **les / se** preocupan mucho por mis estudios.
8 Mis tíos Alicia y Javier **se / les** sienten felices con lo que tienen.

5 Completa los textos con los siguientes verbos en su forma correcta.

enamorarse (x2) • alegrarse • enterarse (x2) • marcharse
reencontrarse • ponerse • volverse • sentirse • asustarse

EL CURIOSO CASO DE BENJAMIN BUTTON

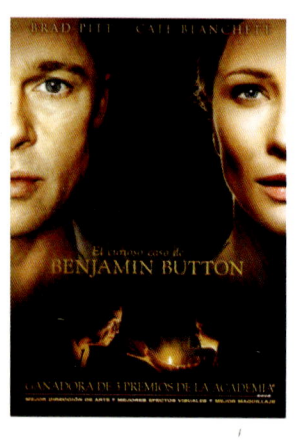

Benjamin Button nace con ochenta años y va rejuveneciendo a medida que pasa el tiempo. La película está basada en la relación que tiene con Daisy. Cuando Benjamin [1] _____ con Daisy, la mujer de su vida, [2] _____ de ella. Cuando [3] _____ de que Daisy está embarazada, Benjamin no [4] _____, sino que [5] _____ incapaz de poder educar a su hija, y al poco tiempo [6] _____.

CREPÚSCULO

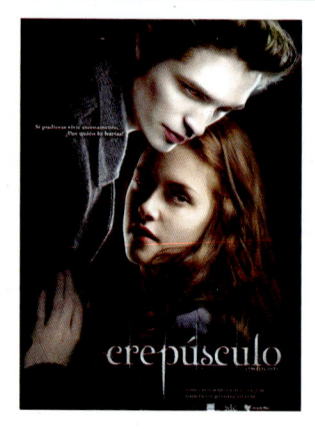

La joven Bella Swan es una chica muy especial. Cuando su madre [1] _____ a casar, la manda a vivir con su padre a la pequeña y lluviosa ciudad de Forks, Washington. En el instituto conoce a Edward, un chico atractivo y misterioso. Cuando Bella [2] _____ de que Edward es un vampiro, [3] _____ muy nerviosa y [4] _____ un poco, pero al final los dos [5] _____.

6 Cada una de las siguientes frases tiene un error. Corrige los pronombres.

1. A mi padre se preocupa el cambio climático.

2. Yolanda le ha puesto muy contenta porque ha ganado el primer premio de poesía.

3. Mis abuelos le alegraron de vernos.

4. ¿Tú se diviertes cuando vas a la playa?

5. Nosotros os lo pasamos muy bien en el parque de atracciones.

6. A Juan y Lucía le encantan las series de televisión.

7. ¿Qué le pareció a vosotros la actuación de Penélope Cruz en *Vicky, Cristina, Barcelona*?

8. ¿Qué les ha pasado a María en la mano?

Reglas de colocación de la tilde

7 Clasifica las siguientes palabras según su sílaba tónica y escribe la tilde cuando sea necesario.

arboles • avion • idolo • musico • papel • exito • facil
menu • volumen • teatro • sala • produccion
amar • pais • brujula • maquina • azucar • Mexico

ESDRÚJULAS	LLANAS	AGUDAS

8 Rodea con un círculo la forma correcta.

1. A mi padre le gusta la **carne / carné** poco hecha.
2. Cuando mi hermano **trabajo / trabajó** en la ONG, **aprendí / aprendió** a relacionarse con la gente.
3. **El / Él** té no es bueno para **tu / tú** insomnio.
4. Yo me **preparo / preparó** el bocadillo para la hora del recreo todos los días.
5. Gema **canto / cantó** en el coro del instituto el día de la graduación.
6. El **árbitro / arbitro** sacó dos tarjetas rojas.
7. **Cálculo / Calculo** que llegarán sobre las nueve de la noche.
8. Esa autora **público / publicó** dos novelas el año pasado.

9 Lee las siguientes frases y escribe las tildes correspondientes.

1. Viajaremos a Peru en avion el proximo verano y visitaremos los monumentos historicos y veremos espectaculos de musica y danza.
2. ¿Cuando me vas a dar tu numero de telefono? Escribemelo aqui.
3. Veronica encontro el jarabe que le recomendo el medico en el botiquin.
4. Cuando Felix vino a mi casa, rego las flores del jardin y se comio el unico melocoton que habia en el arbol.
5. ¿Quien actuo el miercoles que le gusto tanto al publico?
6. El proximo sabado estrenaran una pelicula nueva de Leonardo DiCaprio.
7. ¿Cual de estos dos idiomas te parece que tiene la gramatica mas facil: ingles o frances?
8. Jesus dice que Ana es practica y simpatica, pero que a veces tiene un caracter dificil.

10 En cada una de estas series hay una palabra que no es llana. Averigua cuál es.

A dátil • palabra • película • almíbar

B horóscopo • túnel • carácter • naranja

C frágil • jardín • mariposa • blanca

1

COMUNICACIÓN

1 Contesta a las siguientes preguntas sobre la televisión.

1 ¿Cuál es el anuncio más divertido?
　..

2 ¿Cuál es el mejor programa de música?
　..

3 ¿Cuál es el programa más aburrido?
　..

4 ¿Cuál es la serie más interesante?
　..

5 ¿Cuál es el concurso más difícil?
　..

6 ¿Quién es el presentador más joven?
　..

7 ¿Quién es el actor / la actriz más moderno/-a?
　..

8 ¿Cuál es el anuncio más tonto?
　..

2 Completa el diálogo con las siguientes palabras.

encanta • noches • series • gusta • guion • después • riéndose
canal • programas • divertidísimo • estuve viendo • protagonistas

Isabel: ¿Te gustan las [1] _series_ de televisión?
Rubén: Sí, anoche [2] _estuve viendo_ Héroes.
Paula: Pues yo prefiero los [3] _programas_ de humor.
Isabel: A mí también me gustan mucho. Yo casi todas las [4] _noches_ veo Camera Café.
Rubén: ¿A qué hora lo ponen?
Isabel: Pues [5] _después_ de las noticias, sobre las nueve y media.
Rubén: ¿Y en qué [6] _canal_ podemos verlo?
Isabel: En Telecinco. ¡Es [7] _divertidísimo_! Los [8] _protagonistas_ son buenísimos y el [9] _guion_ es genial.
Paula: Mi hermana también ve Camera Café y dice que le [10] _gusta_ más que El Hormiguero.
Isabel: A mi madre le [11] _encanta_, se pasa todo el rato [12] _riéndose_.
Rubén: Entonces intentaré verlo esta noche.

3 Prepara un diálogo con tu compañero sobre un programa de televisión. Escríbelo en tu cuaderno.

COMUNICACIÓN Y VOCABULARIO

1 Relaciona las frases con las imágenes.

1. ☐ Cambiar de canal de televisión.
2. ☒ Hablar por videoconferencia. (A)
3. ☐ Visitar redes sociales.
4. ☒ Sintonizar un programa en la radio.
5. ☒ Hacer compras por internet. (E)
6. ☐ Descargar música.
7. ☐ Seleccionar tonos de llamadas.
8. ☐ Pasar archivos de un medio a otro.

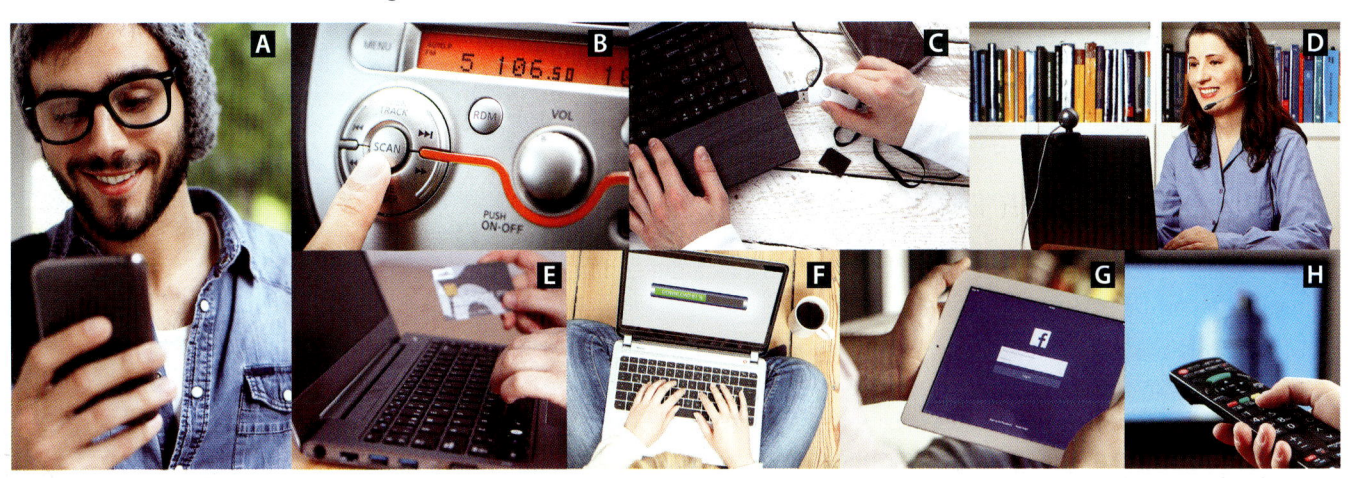

2 Completa las frases con vocabulario del ejercicio 1.

1. Debería seleccionar un _____ distinto porque a la mayoría de mis amigos les suena igual el móvil.
2. Desde que mi hermana se fue a trabajar a Berlín, hablamos con ella por _____.
3. ¿Con qué frecuencia _____ por internet?
4. A mi padre le gusta _____ este programa de Radio Nacional de España mientras conduce.
5. Mucha gente _____ de televisión durante los anuncios.
6. Me acabo de _____ el último disco de Melendi.
7. La _____ más visitada por los jóvenes es Facebook.
8. Mi hermano siempre tiene problemas cuando _____ del móvil al ordenador.

3 Completa el diálogo con las siguientes palabras.

cambiar de canal • visitando • descargué • sintonizar • pasando • videoconferencia • comprar por internet • tono de llamada

Leo: ¿Qué tal el fin de semana, Bruno?

Bruno: Regular. No he salido de casa porque estaba resfriado. ¿Qué hiciste tú?

Leo: Yo tampoco salí, porque tenía que hacer un trabajo de informática. Me (1) _____ un programa que necesitaba y estuve varias horas (2) *descargue* archivos a mi portátil.

Bruno: Ya veo que has estado entretenido. Yo, por mi parte, me cansé de (3) _____ de televisión porque no había un programa que me gustara.

Leo: Pues a mí, mi familia no me dejó en paz en toda la tarde. Mi madre, quería un (4) _____ especial para el móvil, que parece que está de moda; y me costó encontrarlo en internet. Por si fuera poco, mi hermana quería una funda para la tableta, pero ella no sabe (5) _____, así que tuve que hacerlo yo.

Bruno: Vaya, parece que los dos hemos tenido un fin de semana muy «electrónico». Yo acabé (6) _____ Facebook y hablando por (7) _____ con Andrea, ¿te acuerdas de ella?

Leo: Claro que me acuerdo; era tu amiga, la que me presentaste cuando nos apuntamos al curso de inglés. ¿Cómo le va?

Bruno: Pues muy bien. Está trabajando como locutora en una emisora de radio de música pop. Le he prometido que la voy a escuchar, es el 103.1 de FM.

Leo: Vale, yo también la voy a (8) _____. Ya te diré si me gusta.

quince **15**

1

DESTREZAS

LEER

1 Lee el texto y contesta a las preguntas.

Cine y literatura

Empieza a convertirse en tradición la celebración en el Instituto Los Almendros de una exposición asociada al 23 de abril, Día del Libro. Este año, el Departamento de Lengua Castellana y Literatura, en colaboración con la biblioteca del centro, propuso relacionar la literatura y el cine, y así surgió el título.

Es más que evidente que estas artes van, en muchas ocasiones, «de la mano». Importantes éxitos literarios se han convertido en guiones que han sido llevados a la gran pantalla y, otras veces, los guionistas cinematográficos han pasado al campo de la literatura con bastante fortuna. Es el caso, por ejemplo, de Rafael Azcona, tristemente fallecido en 2008, considerado por los críticos de cine y literatura como uno de los más importantes creadores españoles de los últimos tiempos. Azcona es, además, el guionista con mayor número de Premios Goya (6) y nominaciones (12) en las categorías a Mejor guion original y Mejor guion adaptado. Entre sus adaptaciones más conocidas destacan: *¡Ay, Carmela!* (1990), *Tirano Banderas* (1993), *La lengua de las mariposas* (1999) y *Los girasoles ciegos* (2008).

Profesores y alumnos han colaborado generosamente, aportando películas y libros, carteles cinematográficos, fotografías y citas.

1 ¿Cuándo se celebra el Día del Libro?
al 23 de abril

2 ¿Por qué se decidió llamar a la exposición «Cine y Literatura»?
porque hay programas y literatura

3 ¿Quién era Rafael Azcona?
Rafael Azcona era en el campo de la literatura

4 ¿Quiénes han colaborado en la exposición?
Profesores y alumnos

5 ¿Cómo han colaborado?
aportando películas y libros

ESCUCHAR

2 Escucha el programa de radio sobre «Curiosidades de los Óscar» y di si las frases siguientes son verdaderas (V) o falsas (F). Corrige en tu cuaderno las falsas.

1 ☐ Peter Finch consiguió el Óscar por su papel en *Un mundo implacable* después de muerto.

2 ☐ En 1939 le entregaron a Walt Disney siete estatuillas de tamaño real y una miniatura.

3 ☐ En el año 2000, cincuenta y cinco estatuillas fueron robadas y la mayoría de ellas se recuperaron en Nueva York.

4 ☐ Desde 1988 se pronuncia la frase «The winner is...».

5 ☐ En 2008 Javier Bardem consiguió el primer Óscar para un actor español por su trabajo en *Vicky, Cristina, Barcelona*.

6 ☐ En 2008 ningún actor americano recogió un Óscar.

ESCRIBIR

3 Termina las frases.

1 Los actores salieron al escenario aunque ....

2 Al principio estaba un poco nervioso, pero ....

3 Cuando terminé los deberes, ...

4 A pesar de estudiar para el examen, ...

5 Aunque no tengo mucho tiempo libre, ...

Deportes y aventura

VOCABULARIO

1 Relaciona las imágenes con las siguientes palabras.

judo • natación sincronizada • esquí de travesía
motociclismo • atletismo • parapente • excursionismo
alpinismo • patinaje artístico • halterofilia

2 Escribe a qué deporte se refieren en cada frase.

1 Mi primera expedición al Himalaya fue en 1998. *alpinismo*
2 Siguiendo el ritmo de la música, realizamos figuras acrobáticas dentro del agua. *natación sincronizada*
3 El campeonato del mundo de velocidad consta de tres categorías: Moto3, Moto2 y Moto GP. *motociclismo*
4 Al final conseguimos avanzar sobre la nieve y logramos descender sin caernos. *esquí*
5 Después de correr 3,5 km, hicimos saltos de longitud. *atletismo*
6 Las piruetas y los giros que hicieron sobre la pista de hielo fueron impresionantes. *patinaje artístico*
7 La competición se realizó en siete tatamis donde se vieron bonitos combates. *judo*
8 Nos lanzamos desde una montaña que estaba a 800 metros de altura. *parapente*

3 Completa las frases con el siguiente vocabulario.

alpinismo • casco • pistas • pesas
excursionismo • patines • atletismo • botas

1 Como había estado lloviendo toda la noche, las _pistas_ de _atletismo_ estaban encharcadas y no pudimos correr.
2 Tengo que comprarme unas _botas_ nuevas para hacer _excursionismo_ en las montañas de Sierra Nevada.
3 La semana pasada me compré un _casco_ para protegerme la cabeza cuando practique _alpinismo_.
4 Me ha dicho el médico que haga _pesas_ para fortalecer los brazos.
5 Le voy a pedir a mis padres que me compren unos _patines_ porque quiero hacer patinaje artístico.

GRAMÁTICA

Pretérito perfecto

1 Completa las frases con el pretérito perfecto de los siguientes verbos.

viajar en barco • recorrer una senda • ir en avión
ponerse • escalar • montar

1 Antonio y Marisa _____ a Canarias y Antonio lo ha pasado mal porque le da miedo volar.
2 A mi primo Jorge le gusta mucho la montaña y _____ el pico más alto de Sierra Nevada.
3 Tengo un amigo que _____ en globo muchas veces. Dice que es una experiencia maravillosa.
4 Tú, siempre que has montado en moto, _____ el casco.
5 Vosotros _____ para visitar las islas griegas.
6 Hoy Fernando y Carlos _____ de más de 15 km y mañana quieren hacer otra de 20 km.

diecisiete **17**

2 Escribe preguntas usando el pretérito perfecto.

1 ¿Ricardo / llegar / después de empezar el examen?

2 ¿Tomás y Elena / perder / el avión?

3 ¿Nosotros / ir a esquiar / al Pirineo Catalán?

4 ¿Tú / comprar los «pies de gato» / para escalar el Everest?

5 ¿María / escaparse / con la moto de Luis?

6 ¿Vosotros / marearse / en el barco de Valencia a Ibiza?

3 Mira los dibujos y escribe seis frases sobre lo que ya ha hecho Román o lo que todavía no ha hecho en su viaje a las islas Canarias.

hacer fotos **SÍ**
Román ya ha hecho fotos.

1 viajar en barco **NO**
Román no ha viajado todavía en barco

2 subir el Teide **SÍ**
Román ya ha subido el Teide

3 bañarse en la playa **SÍ**
Román ya se ha bañado en la playa

4 enviar mensajes a sus amigos **NO** todavía
Román no ha enviado mensajes a sus amigos

5 comprar *souvenirs* **NO**
Román no ha comprado todavía souvenirs

4 Lee las siguientes actividades y piensa si las has hecho hoy o no. Escribe frases verdaderas sobre ti usando *ya* o *todavía no*.

cenar
Yo todavía no he cenado.

1 saludar a mi mejor amigo/-a
Ya ha saludado a mi mejor amiga

2 recibir un whatsapp de un(a) amigo/-a
Ya ha recibido un whatsapp de una amiga

3 desayunar
Yo todavía no he desayunado

4 visitar Facebook
Yo todavía no he visitado Facebook

5 usar el móvil
Ya he usado el móvil

5 Elige el final correcto de cada frase.

1 No quiero ese libro porque…
   a ☐ todavía no lo he leído.
   b ☒ ya lo he leído.
2 No sé lo que dice el correo porque…
   a ☒ todavía no lo he abierto.
   b ☐ ya lo he abierto.
3 Tenemos que volver a casa andando porque…
   a ☐ todavía no se ha ido el autobús.
   b ☒ ya se ha ido el autobús.
4 No puedo compartir el trozo de tarta contigo porque…
   a ☐ todavía no me lo he comido.
   b ☒ ya me lo he comido.
5 No puedes devolver los zapatos a la tienda porque…
   a ☐ todavía no los has estrenado.
   b ☒ ya los has estrenado.

6 Lee las siguientes frases y escribe otras que tengan un significado parecido. Usa el pretérito perfecto de los verbos que están en negrita y las palabras que están entre paréntesis más adecuadas.

Nuria **firmó** su primer contrato de trabajo hace una hora. (todavía no / ya)
Nuria ya ha firmado su primer contrato de trabajo.

1 **Grabaremos** el disco dentro de una hora. (todavía no / ya)
   Ya hemos grabado el disco dentro de una hora
2 Sergio y Elena **visitaron** Nueva York el verano pasado. (todavía no / ya)
   Sergio y Elena todavía no han visitado…
3 Marcos **hizo** los deberes anoche. (todavía no / ya)
   Marcos ya ha hecho los deberes anoche
4 Debemos **reservar** las entradas pronto. (todavía no / ya)
   Debemos ya ha reservado

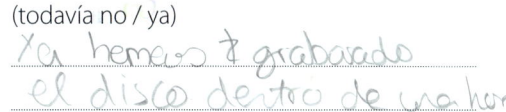

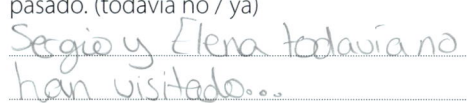

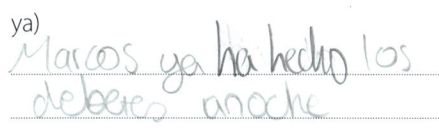

Pretérito indefinido / Pretérito imperfecto

7 Elige la forma más adecuada: pretérito indefinido / pretérito imperfecto.

1 Nunca **pensé / pensaba** que montar en globo **fue / iba** a ser tan emocionante.
2 El invierno pasado dos esquiadores **descendieron / descendían** los Alpes a una velocidad récord.
3 Cuando Sandra y Jaime **fueron / iban** de vacaciones por Francia el año pasado, **recorrieron / recorrían** bastantes kilómetros.
4 El fin de semana pasado unos amigos y yo **estuvimos / estábamos** en una fiesta hindú.
5 Antes mi profesor **usó / usaba** la pizarra para explicar gramática, ahora usa el ordenador.
6 Ayer por la tarde **comimos / comíamos** en el jardín porque **hizo / hacía** mucho calor.

8 Completa la biografía de María José Rienda con los siguientes verbos en pretérito indefinido o pretérito perfecto.

ofrecer • ser (x2) • conseguir • regalar
sufrir • participar • empezar (x2)

María José Rienda [1] *empezó* a esquiar en Sierra Nevada cuando sus padres le [2] *regalaron* unos esquís a los nueve años.
A los catorce años [3] *empezó* a prepararse en serio para las competiciones.
En 2003 [4] *consiguió* el tercer puesto en una prueba de la Copa del Mundo y en 2005 [5] *fue* la primera en el pódium.
Además de en esta competición, María José [6] *participado* en cuatro ediciones de los Juegos Olímpicos de Invierno.
La temporada 2005-2006 [7] *fue* la más exitosa en su carrera, al lograr cuatro victorias.
En 2007 [8] *sufrió* una lesión grave en la rodilla.
Recientemente la esquiadora granadina [9] *ofrecido* su apoyo a los responsables de UNICEF y a la campaña «Llevar al Tercer Mundo Vitamina A».

9 En cada una de las siguientes frases hay un error. Corrígelo.

1 Ayer fui a una excursión y me lo pasaba muy bien.
   Ayer fui a una excursión y me lo pasé

2 El verano pasado mi abuelo ha volado en parapente.
   El verano pasado mi abuelo voló ha

3 Yo todavía he conducido un coche porque no tengo dieciocho años.
   Yo todavía no conducido un coche porque no tengo dieciocho años

4 Cuando mis padres iban a Roma, montaron en avión.
   Cuando mis padres fueron a Roma, montaron en avión

5 Antes mis amigos y yo jugamos al fútbol, ahora jugamos a la consola.
   Antes mis amigos y yo jugábamos al fútbol, ahora jugamos a la consola

6 Alberto no ha vendido la moto ya.
   Alberto no ha vendido la moto todavía

7 Este año nosotros fuimos a esquiar a Navacerrada.
   Este año hemos ido a esquiar a

8 Cuando mi hermano y yo fuimos pequeños, nos peleábamos por cualquier cosa.
   Cuando mi hermano y yo éramos pequeños, nos peleábamos por cualquier cosa

Preposiciones (I)

10 Completa las frases con la preposición adecuada: *con, de, durante, en.*

1 Mañana es el aniversario _____ mis padres. Vamos a celebrarlo _____ un restaurante.

2 La hermana _____ Marina está _____ Ibiza trabajando _____ recepcionista _____ un hotel.

3 Rodrigo está _____ Maite haciendo un proyecto _____ tecnología.

4 El profesor de español habla _____ acento andaluz porque estuvo viviendo _____ Cádiz _____ cinco años.

5 El sábado pasado me encontré _____ Luis _____ un centro comercial, estaba _____ sus amigos.

6 El verano pasado mis primos hicieron un curso _____ parapente _____ Granada y estuvieron volando _____ media hora.

11 Completa el correo electrónico que que ha enviado Amanda a su amiga Alba desde Lanzarote, con las preposiciones *de, del* (= de + el), *con, en, durante.*

Mensaje nuevo

¡Hola, Alba!
Estoy [1] _____ Lanzarote [2] _____ mi familia. Mi padre y yo estamos haciendo un curso [3] _____ buceo [4] _____ tres días.
La primera inmersión [5] _____ botella [6] _____ el mar fue espectacular, la transparencia [7] _____ las aguas, el mundo [8] _____ los peces y corales es [9] _____ gran belleza.
No es necesario comprarse el equipo, la escuela lo alquila a los alumnos [10] _____ curso.
Ya te enseñaré las fotos [11] _____ los peces y corales, pues siempre llevamos [12] _____ nosotros una cámara sumergible.

Besos,
Amanda

COMUNICACIÓN

1 Mira el cartel informativo del «Ecoparque Aventura Amazonia» y contesta a las preguntas.

1 ¿Qué tipo de ropa tienes que llevar?
 ropa cómoda y zapato deportivo

2 ¿Cuántas horas puedes estar en el parque?
 tres horas

3 ¿Qué se incluye en el precio?
 equipo de seguridad, mosquetones, curso de iniciación

4 ¿Qué cosas no puedes hacer?
 subir a los árboles sin equipo, desplazarse, dañar

5 ¿Está permitida la entrada a animales?
 no, está prohibido

2 Lee y completa el diálogo con las siguientes palabras.

he despistado • ir al médico • duele • ha pasado
mareado • he caído • altura • cadera • seguridad
he resbalado • tirolina • has hecho daño

Monitor: A ver, Sergio, ¿qué te [1] duele?
Sergio: Me [2] he caído cuando estaba bajando de la [3] seguridad.
Monitor: ¿Por qué te has caído, no estabas enganchado a la línea de [4] tirolina?
Sergio: No, me [5] mareado y me [6] he resbalado de la escalera.
Monitor: ¿Desde qué [7] altura te has caído?
Sergio: Desde unos dos metros y medio.
Monitor: ¿Dónde te [8] has hecho daño?
Sergio: En la [9] cadera.
Monitor: ¿Te [10] he despistado en otra parte del cuerpo?
Sergio: No, pero estoy un poco [11] mareado.
Monitor: Creo que deberíamos [12] ir al médico para que te haga una radiografía.

3 🎧 Escucha y comprueba tus respuestas.

4 Practica el diálogo con tu compañero.

ECOPARQUE Aventura Amazonia

- Es obligatorio tener como mínimo seis años y 1,15 m de estatura.
- Hay que llevar ropa cómoda y zapato deportivo (o bota de montaña blanda).
- Con la entrada tienes derecho a tres horas de estancia.
- El precio incluye:
  - equipo de seguridad compuesto de arnés, mosquetones y polea para tirolinas;
  - curso de iniciación;
  - acceso a los circuitos en altura de Aventura Amazonia.
- No es necesaria ninguna condición física especial.

ESTÁ PROHIBIDO:

- Subir a los árboles sin equipamiento de seguridad.
- Desplazarse fuera de las sendas señalizadas.
- Dañar los árboles y arrancar vegetales.
- Pasar con perros u otros animales.

2

COMUNICACIÓN Y VOCABULARIO

1 Completa el crucigrama.

Horizontales
2 Nadar bajo el agua.
4 Sufrir un daño físico.
7 En el fútbol y otros deportes, conseguir tantos metiendo la pelota en la meta contraria.
8 Desplazarse por el agua en una embarcación.

Verticales
1 Ganar a alguien en una actividad deportiva.
3 Realizar ejercicios para preparar los músculos para una actividad deportiva.
5 Subir por una pendiente.
6 Subirse en un vehículo o en un animal.

2 Completa las frases con las formas correctas de los verbos anteriores.

1 Carla está aprendiendo a .... a caballo. Practica todos los sábados.
2 Mi padre quiere comprarse un velero para poder .... por el Mediterráneo.
3 A mí me gustaría ir a Australia y .... en los arrecifes de coral.
4 El domingo pasado .... un brazo jugando al baloncesto.
5 Antes de empezar la clase de Educación Física, estuvimos .... diez minutos.
6 Mis amigos y yo queremos ir al Himalaya para .... el Everest.
7 España *gane* a Lituania en la final del Campeonato Europeo.
8 Andrés Iniesta .... el gol de la victoria en la prórroga.

3 Completa el texto con las siguientes formas verbales.

derrota • entrenar • se lesionó • estirando • se rinde • calentando

UN DÍA CON MIREIA BELMONTE

Antes de las siete de la mañana, en las instalaciones del Centro de Alto Rendimiento de Sierra Nevada de Granada, Mireia ya ha empezado a [1] .... Practica remo durante 45 minutos a un ritmo muy elevado. Un poco antes de las ocho, ya está al lado de la piscina [2] .... y [3] .... los músculos. Le esperan muchos kilómetros y más de cuatro horas nadando a ritmo de competición. De aquí, pasa al gimnasio y, durante media hora, fortalece los abdominales, las piernas y la espalda. Luego, en la sala de los ordenadores, comprobará las gráficas para mejorar el rendimiento.
El almuerzo es a las 13:30 horas y a las 16:00 horas hace flexiones durante media hora en el gimnasio. Tras cuatro horas de natación y más de 10 000 metros recorridos en la piscina, termina la agotadora jornada a las 21:30, después del masaje y la cena.
Mireia Belmonte es una de las mejores deportistas españolas de la historia. Nunca [4] .... y es tan competitiva que [5] .... a sus contrincantes sin aparente esfuerzo. No pudo competir en los Mundiales de Kazán debido a que [6] ....

4 Completa el diálogo con las siguientes palabras.

hacer estiramientos • lesionarte • calentar
rendirte • entrenando • montar • escalar

Daniela: Hola, Blanca. Ayer me dijo Manuel que estabas [1] .... para la maratón.
Blanca: Pues sí, llevo ya más de un mes corriendo casi todos los días.
Daniela: Pero ¿tienes tiempo para practicar?
Blanca: Bueno, intento sacarlo por la mañana a primera hora.
Daniela: Es mucho esfuerzo, pero no debes [2] .... Si no entrenas bien, puedes [3] .... en la carrera.
Blanca: ¿Por qué no te animas tú, que eres tan deportista?
Daniela: Es que correr no me gusta mucho. Yo prefiero [4] .... en bicicleta y [5] .... Ya sabes que todos los fines de semana voy a la montaña.
Blanca: Un día iré contigo, para probar.
Daniela: Cuando quieras. Ya te enseñaré a [6] .... para la escalada. Son diferentes a los de otros deportes.
Blanca: ¡Perfecto! Bueno, te dejo. Voy a [7] .... un poco antes de correr unos kilómetros.

DESTREZAS

📋 LEER

1 Lee el texto y contesta a las preguntas.

1 ¿Qué es el barranquismo?

2 ¿En qué consiste el descenso de cañones?

3 ¿Por qué es una actividad peligrosa?

4 ¿Qué es lo que aconsejan?

5 ¿Qué obstáculos naturales tiene que atravesar el deportista?

🔊 ESCUCHAR

2 Escucha esta información sobre Jesús Calleja y elige la respuesta correcta.

1 *Desafío extremo* es un programa para:
   a ☐ la radio.
   b ☐ la cadena de televisión Cuatro.
   c ☐ Televisión Española.

2 La idea de realizar *Desafío extremo* le surgió:
   a ☐ bajando el Himalaya.
   b ☐ realizando una travesía por el Polo Norte.
   c ☐ bajando el Everest.

3 Jesús Calleja ha tenido mucha suerte al lograr «ochomiles» al primer intento porque:
   a ☐ ha sido muy disciplinado y paciente.
   b ☐ la gente le ha ayudado.
   c ☐ está preparado físicamente.

4 Jesús Calleja es una persona:
   a ☐ activa, que necesita el ritmo de las ciudades.
   b ☐ de carácter feliz, que suele estar a gusto siempre.
   c ☐ tímida y sin amigos.

5 Una aventura debe tener:
   a ☐ un riesgo.
   b ☐ un bonito paisaje.
   c ☐ una dificultad no muy grande.

DESCENSO DE CAÑONES Y BARRANCOS

El barranquismo o descenso de cañones o barrancos es un deporte semiacuático que combina distintas disciplinas como la espeleología y el alpinismo.

Es una actividad muy seria y, sobre todo, peligrosa si no se realiza con unos mínimos de seguridad. La seguridad es muy relativa, ya que puede haber crecidas de caudal, caída de piedras, resbalones...; por lo tanto, lo más importante es la prevención.

Esta actividad de riesgo consiste en descender por un barranco atravesando diferentes obstáculos naturales. A lo largo del descenso habrá que sortear rocas, pasar por desfiladeros estrechos, cruzar cascadas, sumergirse para pasar sifones, descender por toboganes y escalar.

El deportista podrá disfrutar de la naturaleza practicando al mismo tiempo el excursionismo, pero siempre siendo consciente del deporte que se practica.

✏️ ESCRIBIR

3 Describe un deporte de riesgo o aventura.

3 Ciencia y tecnología

VOCABULARIO

1 Relaciona las siguientes palabras con las imágenes. Después, completa las frases.

submarino • pila • neumático • vacuna • bombilla

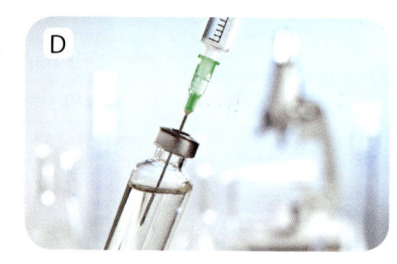

1. ☐ Vamos a cambiar las .... de mi casa por otras de bajo consumo. Así ahorraremos energía.
2. ☐ Se han gastado las .... del mando a distancia y ya no funciona.
3. ☐ A mi sobrina le han puesto una .... contra la hepatitis.
4. ☐ El gobierno francés está buscando en el fondo del mar con un .... nuclear las cajas negras del avión que sufrió el accidente.
5. ☐ Tengo que cambiar los cuatro .... de mi coche, porque ya tienen más de 80 000 kilómetros.

2 Relaciona las siguientes informaciones con cada personaje.

1. ☐ Química y física polaca pionera en el estudio de la radiactividad.
2. ☐ Científico, marino y militar español, inventor del primer submarino.
3. ☐ Científico escocés famoso por descubrir la penicilina.
4. ☐ Químico francés que desarrolló la metodología para la fabricación de vacunas.
5. ☐ Ingeniero alemán considerado como uno de los inventores del automóvil.

A Isaac Peral  **B** Louis Pasteur  **C** Karl Benz  **D** Marie Curie  **E** Alexander Fleming

GRAMÁTICA

Oraciones temporales (I)

1 Subraya la opción correcta.

1. Cuando te **vas / vayas** a la cama, apaga el ordenador.
2. Cuando **termino / termine** el instituto, iré a la universidad.
3. Cuando **acabamos / acabemos** de entrenar, nos fuimos a casa de Adrián.
4. ¿Cuándo **vas / vayas** a estudiar para el examen?
5. Hasta que no **tuvieron / tuvieran** a su hija siempre viajaban en moto.
6. Hasta que no **terminan / terminen** los exámenes, no podré ir a la piscina.
7. Pon la mesa para que podamos comer en cuanto **llegan / lleguen** tus hermanos.
8. ¿Cuándo **hay / haya** partido de liga otra vez?
9. No te olvides de devolver el libro cuando **vayas / vas** a la biblioteca.
10. Se enteró de que había suspendido en cuanto **salgan / salieron** las notas.

2 Completa las frases con los siguientes verbos en su forma correcta.

venir • hacer • acabar • llegar • tener
empezar • cumplir • haber • ser

1. Te mandaré las fotos de la excursión en cuanto .... tiempo.
2. Llámame por teléfono en cuanto .... al pueblo.
3. Cuando .... mi cumpleaños, me van a regalar un ordenador nuevo.
4. Voy a esperar hasta que .... mi madre a buscarme.
5. Me pusieron la vacuna cuando .... los 14 años.
6. Mis padres no se acostaron hasta que no .... la película.
7. Los sábados por la mañana, cuando no .... partido, me gusta quedarme en la cama hasta que .... el programa de las motos.
8. Mientras .... los deberes, tengo apagada la televisión.

3 Escribe preguntas y respuestas, como en el ejemplo.

ir a comprar el pan / terminar de recoger la habitación

- *¿Cuándo vas a ir a comprar el pan?*
- *Cuando termine de recoger la habitación.*

1. ver a tus amigos / terminar los exámenes
2. escribir el correo electrónico a Paula / saber el precio de las entradas
3. cambiar de ordenador / estropearse el viejo
4. levantarse / sonar el despertador
5. ir a la playa / mi padre estar de vacaciones
6. ir al parque de atracciones / terminar el curso
7. recoger la cocina / acabar de comer
8. casarse / tener novia
9. subir las fotos a Facebook / conectarse a internet
10. volver a clase / salir del hospital

4 Completa los anuncios publicitarios utilizando los siguientes verbos en su forma correcta.

comprar • no conocer • llegar • querer • hacer • conducir

COCHES

Cuando [1] _____ nuestro nuevo modelo, creerá que está soñando.

ORDENADORES

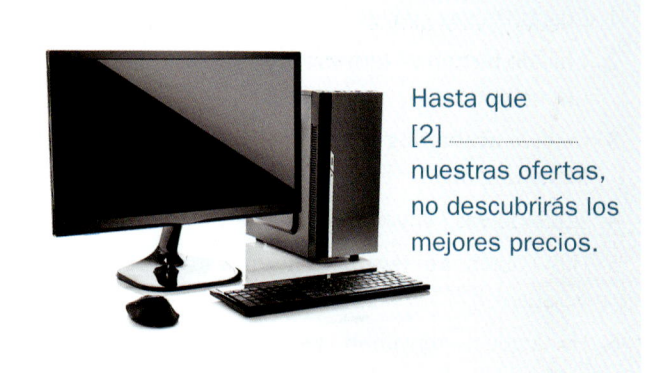

Hasta que [2] _____ nuestras ofertas, no descubrirás los mejores precios.

El próximo domingo

Cuando [3] _____ el periódico, no te olvides de pedir el **RELOJ GRATIS**.

Pintor

Llámanos cuando [4] _____ poner tu casa en manos de auténticos profesionales.

NEUMÁTICOS

Cuando [5] _____ su próxima revisión, no se olvide de cambiar sus neumáticos.

GANARÁ EN SEGURIDAD

VACACIONES

En cuanto [6] _____ el verano no hay otro sitio como nuestro hotel junto a la playa.

5 Construye frases con elementos de cada columna.

1 Llámame…	… siempre que…	… mi madre preparaba la comida.
2 No he visto a Mercedes…	… en cuanto…	… tiene tiempo.
3 He venido…	… hasta que…	… me he enterado de la noticia.
4 Rodrigo va al gimnasio…	… mientras…	… se fue a vivir a Santander.
5 Mi hermano y yo pusimos la mesa…	… cuando…	… no tenga dieciocho años.
6 No podré aprender a conducir…	… desde que…	… llegues.

1 *Llámame cuando llegues.*
2
3
4
5
6

Formación de adjetivos

6 Elige el adjetivo correcto para las fotos 1-6.

aromáticas • sabrosa • trabajador
peatonal • relajante • plegable

1 calle
2 alumno 
3 plantas 
4 masaje 
5 silla 
6 comida 

7 Relaciona cada definición con uno de los siguientes adjetivos.

ambicioso • derrochador • caminante • caliente • desechable
artesanal • horrible • calculador • comprensivo • artístico

1 Que causa horror.
2 Que ya no es aprovechable y puede tirarse.
3 Persona que tiene mucha ambición o deseo de conseguir alguna cosa.
4 Que calcula.
5 Que camina.
6 Obra realizada por un artesano.
7 Persona que malgasta el dinero.
8 Persona que comprende a los demás.
9 Que tiene o produce calor.
10 Perteneciente al arte.

8 Escribe el adjetivo derivado de los siguientes sustantivos y verbos. En algunas ocasiones, hay más de una opción posible.

chiste — *chistoso*
1 lluvia
2 nación
3 filosofía
4 músculo
5 ecología
6 emoción
7 suavizar
8 progresar
9 estudiar
10 novedad
11 comercio

3

COMUNICACIÓN

1 ¿Qué sabes sobre el sistema solar? Elige la opción correcta.

El sistema solar

1. El sistema solar está formado por una única estrella llamada Sol, que da nombre a este sistema, más … planetas que orbitan alrededor de la estrella.

    a ☐ 7   b ☐ 8   c ☐ 9

2. El Sol contiene más del 99 % de la masa del sistema. Con un diámetro de … km.

    a ☐ 14 000   b ☐ 140 000   c ☐ 1 400 000

3. El Sol se compone de un … % de hidrógeno, un … % de helio y un pequeño porcentaje de oxígeno, carbono, hierro y otros elementos.

    a ☐ 75 / 25   b ☐ 85 / 15   c ☐ 95 / 5

4. En el año … una convención de astronomía en Europa declaró a Plutón como planetoide debido a su tamaño, quitándolo de la lista de planetas.

    a ☐ 2006   b ☐ 2007   c ☐ 2008

5. A unos 257 000 km/h tardaríamos … en ir de la Tierra a la Luna y unas tres semanas (terrestres) en ir de la Tierra al Sol.

    a ☐ una hora   b ☐ una hora y cuarto   c ☐ una hora y media

2 Ahora escucha y comprueba tus respuestas.

3 Completa el diálogo con las siguientes frases.

> ¿Te falta algo? • Aquí la tienes. • De qué color es
> ¿En qué estantería? • ¿Qué hay dentro?

Madre: Enrique, por favor, tráeme cuando puedas la carpeta que me he dejado en la estantería del salón.

Enrique: [1] _____

Madre: En la que está al lado del teléfono.

Enrique: ¿[2] _____ la carpeta?

Madre: Es azul.

Enrique: [3] _____

Madre: Hay unos documentos metidos en un sobre cuadrado.

Enrique: [4] _____

Madre: Pero… no encuentro lo que estaba buscando…

Enrique: [5] _____

Madre: El teléfono de la compañía de seguros. Creía que estaba aquí dentro.

Enrique: Búscalo en internet, acabarás antes.

4 Prepara con tu compañero un diálogo parecido al anterior. Describe el objeto que pides lo más exactamente posible. Escríbelo en tu cuaderno.

COMUNICACIÓN Y VOCABULARIO

1 Encuentra diez palabras relacionadas con objetos de uso común.

```
Á Ñ R C Y D G N L S
A W L F Ó G C U I A
S G A T G R D S T D
P M V A A O T R Á N
I E A B R D J D T O
R N P L O A W S R O
A C L E D G L Z O R
D H A T A E W V P C
O U T A V V H F B I
R F O N A A G P U M
A E S C L N Á R L V
T C B N Í H Q O V K
F G O D A L C E T Á
P V F T Q Q P V Ú S
D L R O D A G R A C
```

2 Elige la palabra correcta.

1 Necesito cargar el móvil, ¿dónde está el **teclado / cargador**?

2 Pásame el **mando a distancia / enchufe** que quiero cambiar de canal.

3 Mañana nos vamos de viaje, si quieres puedes llevarte el **portátil / teclado** para conectarte a internet.

4 ¿Tenemos que llevarnos **el navegador / la cámara de vídeo** para grabar el concierto?

5 Ayer tuve que lavar el jersey a mano porque no funcionaba **el lavaplatos / la lavadora**.

6 Lo que menos me gusta de las tareas del hogar es pasar el **portátil / aspirador**.

7 Si quieres calentarte la comida, enciende el **microondas / cargador**.

8 No se te olvide coger **la cámara digital / el navegador**. No sé cuál es la mejor ruta para llegar a Salamanca.

3 Lee los siguientes textos y averigua de qué objeto estamos hablando.

1 Procura pasar bien todas las habitaciones. Que no quede nada de polvo debajo de las camas. Luego la desenchufas y la guardas en el armario de la terraza. ....

2 Te lo puedes llevar a cualquier parte y te permite conectar a internet y enviar correos a tus contactos. Puedes trabajar con él desde cualquier sitio como si estuvieras en la oficina. ....

3 Es muy cómodo para cambiar los canales de la televisión sin moverte del sofá. Acaba siendo motivo de discusión porque todos quieren tenerlo. ....

4 Es pequeña y ligera. Con solo apretar un botón, puedes hacer miles de fotografías que luego tendrás que seleccionar para ver cuál de ellas compartes con tus amigos en Facebook. ....

5 La mayoría de los móviles disponen de ellas. Solo necesitas tocarla con tu dedo para poder marcar el número de teléfono deseado, abrir un programa o hacer cualquier otra cosa para lo que antes necesitabas un teclado. ....

4 Completa el diálogo con las siguientes palabras.

conectar • apaga • marca • cargador • desenchúfalo
selecciona • enchufa • aprieta el botón

Rubén: Hola, Maite, necesito tu ayuda.

Maite: Hola. ¿Es algo relacionado con el ordenador?

Rubén: Pues sí. Mañana tengo que entregar un trabajo de química y no sé qué hacer.

Maite: Vamos allá. Lo primero, [1] .... el portátil… ¡Pero, si tienes muy poca batería!

Rubén: No pasa nada. Me he traído el [2] ....

Maite: Si te parece bien, podemos [3] .... tu ordenador con el mío y te paso el trabajo que hice para que te sirva de modelo.

Rubén: Ya está. ¿Qué hago ahora?

Maite: Ahora [4] .... esa casilla. Cuando te salga la ventana, [5] .... el archivo y, cuando te aparezca el mensaje de copiado, [6] .... de «Fin».

Rubén: Pues ya está.

Maite: ¿Ves como no era tan difícil? Ahora [7] .... el ordenador y [8] ....

Rubén: Es que contigo todo resulta fácil. Muchas gracias.

3

DESTREZAS

📋 LEER

1 Lee la noticia y contesta a las preguntas.

Trilliza da a luz a trillizas

Inicio Contacta Entradas

Una mujer de Málaga, que tiene dos hermanas trillizas, dio a luz a trillizas

Alicia Alonso dio a luz a Sandra, Sonia y Susana Tamaro el 26 de mayo en el hospital Carlos Haya, en Málaga.

La mujer, de 23 años de edad, declaró al periódico *El Correo de Andalucía* que se sintió muy feliz al enterarse de que las niñas se encuentran en buen estado de salud. Los bebés continúan en el hospital y Alicia dijo que está ansiosa por comenzar a jugar con ellas. «Va a ser muy divertido», dijo la madre.

Andrés Tamaro, padre de las trillizas, dijo que buscar nombres para las niñas no había sido nada fácil.

La pareja vive con la madre de Andrés en Málaga. Adriana y Ángeles, las hermanas trillizas de Alicia, viven cerca, en la localidad del Rincón de la Victoria.

---

1 ¿Cuántas hijas han tenido Alicia y Andrés?

2 ¿Qué es lo que ha hecho más feliz a la madre?

3 ¿De qué tiene muchas ganas?

4 ¿Cuál ha sido la primera dificultad que han tenido?

5 ¿Quién vive en la misma casa que la pareja?

6 ¿Quiénes viven cerca?

🔊 ESCUCHAR

2 🎧 Escucha la noticia y di si las frases son verdaderas (V) o falsas (F). Corrige en tu cuaderno las falsas.

1 ☐ Los trillizos de Doñana no son seres humanos.
2 ☐ Los trillizos de Doñana son tigres.
3 ☐ Saliega ha parido ya tres veces.
4 ☐ Saliega ha tenido siete cachorros en total.
5 ☐ Saliega es la hija de Dama.
6 ☐ En la actualidad hay diez hembras embarazadas.

Trillizos en Doñana

✏️ ESCRIBIR

3 Imagina la situación de unos padres que tienen tres hijos trillizos cuando solo esperaban uno. Escribe en tu cuaderno un correo electrónico a tus amigos contándoles los problemas y las alegrías de tener tres hijos iguales.

La vivienda y los jóvenes

4

VOCABULARIO

Casa de María

Casa de Luis

1 Mira los dibujos y compara la casa de María con la casa de Luis. Utiliza las siguientes palabras o expresiones.

calefacción   vistas preciosas

garaje   aire acondicionado

luminosa   buhardilla

piscina   jardín   cómoda

habitaciones   tranquila

La casa de María es / no es...
La casa de María tiene / no tiene...

treinta y uno **31**

4

2 Relaciona las siguientes palabras con las imágenes.

> despertador • sábanas • cortinas • cojines • ventilador
> jarrón • interruptor • cubo de basura • grifo • antigüedades

1 ....
2 ....
3 ....
4 ....
5 ....
6 ....
7 ....
8 ....
9 ....
10 ....

3 Completa las frases con las palabras del ejercicio 2.

1 Encima de mi cama tengo dos ...., uno verde y otro morado.
2 Voy a poner unas flores en el .... del salón.
3 Ayer no puse el .... y me quedé dormida.
4 No te olvides de cerrar el .... cuando te laves los dientes.
5 Mis abuelos tienen muchas .... La que más me gusta es el escritorio.
6 Tenemos que comprar un juego de .... nuevas para la cama de Sara.
7 Hace mucho calor. Por favor, enciende el .... para refrescar la habitación.
8 La tela para las .... del salón me la trajeron unos amigos de India.
9 Quiero apagar la luz de esta habitación, pero no encuentro el ....

32 treinta y dos

GRAMÁTICA

Oraciones temporales (II)

1 Elige la opción correcta.

1. Ana se compró el coche **antes de que / antes de** aprobar el carné de conducir.
2. **Después de / Antes de que** terminar los exámenes, me iré a descansar a la playa.
3. Jorge ha decidido que **después de / después de que** terminar el instituto, estudiará piano en el conservatorio.
4. **Antes de / Antes de que** empiece la función, apagaré el móvil.
5. Mi hermano conoció a Paloma **antes de / después de que** trasladarse a Barcelona.
6. **Antes de / Antes de que** ir a India, tendremos que ponernos la vacuna de la malaria.
7. Empecé a estudiar inglés **después de / después de que** hacer un viaje por Irlanda.
8. **Antes de / Antes de que** empiece el curso, repasaré matemáticas.
9. Me compré el libro **después de / después de que** ver la película.
10. **Antes de / Después de que** haga los deberes, iré a la piscina con mis amigos.

2 Completa las frases con los siguientes verbos en su forma correcta.

empezar (x2) • volver • cenar • estar
terminar • visitar • recoger

1. Saldrás a la calle cuando .... tu habitación.
2. ¿Quieres que vayamos al cine después de ....?
3. Antes de que .... el verano, pondremos el aire acondicionado.
4. Me compraré un coche cuando .... trabajando.
5. Marina me llamó por teléfono en cuanto .... de vacaciones.
6. Nosotros estábamos muy cansados después de .... Oporto.
7. Prepararé la comida antes de que .... el partido de tenis.
8. Mi tío Antonio se quedará en casa hasta que los pintores .... de pintar.

3 Completa el texto con las siguientes palabras.

cenar • irnos • entra • llega • son
echarnos • levantamos • llegamos

Cuando [1] .... las fiestas de mi pueblo, invito a mi amiga Alba a pasar el fin de semana en Gatón. En cuanto [2] ...., cogemos las bicis y vamos a buscar a María y Ariadna. Después de [3] ...., bailamos en la plaza hasta que nos [4] .... el sueño. Al día siguiente, en cuanto nos [5] ...., desayunamos y nos ponemos el bañador para participar en los juegos de agua. Después de [6] .... la siesta, nos disfrazamos para el concurso de disfraces. Cuando [7] .... la noche, se hace una cena popular y lo más divertido: «el baile de la escoba». Antes de [8] .... a la cama, nos tomamos un chocolate calentito en la plaza del pueblo.

4 Mira los dibujos y escribe frases utilizando las expresiones *después de (que)* y *antes de (que)*.

Yo me lavo los dientes después de comer.

1 ....

2 ....

3 ....

4 ....

5 ....

6 ....

7 ....

5 Relaciona A, B y C y completa las frases. Hay más de una opción posible.

A
1 Irene solicitará la beca Erasmus…
2 Enrique y sus amigos fueron a Bilbao…
3 Juan seguirá estudiando inglés…
4 Comeremos la tarta…
5 Tenemos que terminar el proyecto…

B
… después de…
… cuando…
… antes de…
… hasta que…
… antes de que…

C
… encuentre un trabajo.
… acabar el grado.
… terminar los exámenes.
… empiece el invierno.
… lleguen tus primos.

1
2
3
4
5

6 Traduce a tu idioma.

1 Antes de salir con mis amigos, ayudaré a mi madre a hacer las tareas de la casa.

2 Reservaremos las entradas después de hablar con Ricardo.

3 Cuando vengas, te enseñaré mi móvil nuevo.

4 Mi hermana se fue a vivir a Japón después de conocer a Haruki.

5 Apagué el móvil antes de que empezara la película.

Preposiciones (II)

7 Completa con *por* y *para*.

1 El fin de semana pasado estuvimos en Oporto. _____ la mañana fuimos a visitar la catedral y nos dimos un paseo _____ la orilla del Duero. Luego, _____ la tarde, fuimos a los jardines del Palacio de Cristal _____ hacer unas fotos de los puentes sobre el río.

2 El sábado pasado mis padres me regañaron _____ llegar tarde a casa. Así que hoy llegaré pronto _____ que no se enfaden.

3 Cuando vi a Pepe, iba _____ la biblioteca con dos amigos.

4 • ¿_____ qué no viniste a la excursión?
  ▪ _____ nada en especial. Me apetecía quedarme en casa _____ terminar el trabajo de música.

5 _____ el verano que viene alquilaremos una caravana y viajaremos _____ toda Italia.

6 Mi madre nos ha pedido a mi hermana y a mí que, cuando volvamos de clase, compremos el pan _____ la cena.

Formación de sustantivos

8 Utiliza los siguientes sufijos para formar sustantivos: *-dad, -eza, -nza, -miento, -ería, -ista, -dor/-dora.* En algunas ocasiones, hay más de una opción posible.

1 zapato	
2 feliz	
3 enseñar	
4 lavar	
5 entrenar	
6 simple	
7 responsable	
8 anarquía	
9 fruta	
10 pensar	
11 confiar	
12 esperar	
13 fútbol	
14 claro	
15 taladrar	
16 secar	

9 Completa las frases con sustantivos derivados de las siguientes palabras.

> lavar • aburrir • arte • igual • rico • pescado • entrenar • aspirar • precioso

1. Mi madre compró en la _____ el marisco para la cena.
2. Este cuadro es una _____, me encantan los colores.
3. Pablo Picasso fue un gran _____.
4. No se te olvide pasar la _____ después de la fiesta.
5. Hay que conseguir la _____ de derechos para todas las personas en todos los países del mundo.
6. El partido del otro día fue un auténtico _____, no hubo goles.
7. La mayoría de los países occidentales poseen una gran _____.
8. La _____ no estaba bien cerrada y la cocina se llenó de agua.
9. El equipo de fútbol de mi barrio juega los domingos por la mañana, y los sábados por la tarde tiene _____.

10 Escribe la palabra que está entre paréntesis añadiendo el sufijo adecuado para formar sustantivos.

1. En algunas zonas del país la gente vive en extremas condiciones de _____. (pobre)
2. Mis padres no están de acuerdo con el _____ de mi hermana. (comportarse)
3. Natalia suele comprar el maquillaje en la _____ que está en la esquina. (perfume)
4. Los _____ son defensores de la energía renovable. (ecología)
5. Teo tiene mucha _____ para aprender idiomas. (fácil)
6. La causa del asesinato fue la _____. (vengar)
7. Cuando sea mayor, quiero dedicarme a la _____. (enseñar)
8. Esta tarde tengo que ir a la _____ para comprarle un regalo a mi madre. (zapatos)
9. Después del accidente que tuve con la bicicleta, necesito ganar _____ para volver a montar en ella. (confiar)
10. La _____ es lo más importante en la vida. (feliz)

11 En cada una de las frases hay un error. Corrígelo.

1. Voy al banco a sacar dinero antes de que cierran. _____
2. En cuanto termina la película, fregaré los platos. _____
3. No te olvidas de apagar el aire acondicionado después de irte. _____
4. Ayer paseamos para la orilla de la playa. _____
5. Le he mandado el cedé a Miguel para correo. _____
6. Celebraremos mi cumpleaños cuando Ana y Rafa vienen de Chicago. _____
7. Después de que hablar contigo, compré la entrada de teatro. _____
8. No pude contestar el correo hasta que no terminar de hablar por teléfono. _____

COMUNICACIÓN

1 Los padres de Julia y Javier se han ido quince días de vacaciones. La madre les ha dejado una nota a cada uno con dibujos de las tareas de la casa y la periodicidad con que las tienen que hacer. Escribe frases, como en el ejemplo.

JAVIER
1. Un día sí y uno no
2. Todos los días
3. Una vez por semana
4. Una vez por semana
5. Cada tres días

JULIA
1. Un día sí y uno no
2. Cada tres días
3. Todos los días
4. Una vez por semana
5. Una vez por semana

1 *Javier tiene que fregar los cacharros un día sí y uno no.*
2
3
4
5

1
2
3
4
5

2 Completa la conversación con las siguientes expresiones. Luego, escucha y comprueba.

¡Vale, de acuerdo! • todos los días • No soporto
no te encargas de • ¿A ti qué te parece?
¿qué quieres hacer? • lo que menos me gusta

Julia: Bueno, mamá nos ha dejado una nota con las tareas de la casa que tenemos que hacer cada uno. [1] _____.

Javier: A mí [2] _____ es fregar los cacharros.

Julia: A mí no me importa; yo fregaré [3] _____. Y tú, [4] _____. ¿Por qué [5] _____ planchar?

Javier: No, yo eso no. [6] _____ planchar, y además no se me da muy bien. Yo fregaré el suelo.

Julia: [7] _____. Lo demás lo dejamos como está en la nota.

3 ¿Ayudas en las tareas de casa? Pregunta a tu compañero con qué frecuencia friega los cacharros, hace la cama, pasa el aspirador o hace la compra. Escribe las respuestas.

4

COMUNICACIÓN Y VOCABULARIO

1 Completa el crucigrama con tareas de la casa que te sugieran los dibujos. Algunas respuestas tienen más de una palabra.

2 Elige la respuesta correcta.

1.
   a Planchar
   b Pasar el aspirador
   c Fregar el suelo

2.
   a Fregar los cacharros
   b Hacer la cama
   c Poner la lavadora

3.
   a Limpiar los cristales
   b Planchar
   c Hacer la cama

4.
   a Fregar el suelo
   b Poner la lavadora
   c Hacer la compra

5.
   a Pasar el aspirador
   b Fregar el suelo
   c Planchar

6.
   a Fregar los cacharros
   b Hacer la compra
   c Limpiar los cristales

3 Completa las frases con el vocabulario de los ejercicios 1 y 2.

1 _____ es un rollo, pero tengo que hacerla todos los días antes de ir al instituto.

2 ¿Me puedes traer la fregona que se ha caído un poco de leche y tengo que _____?

3 Necesito _____ el vestido negro para la fiesta de esta tarde. Está un poco arrugado.

4 ¿Vas a _____? Los pantalones blancos están un poco sucios.

5 Todos los sábados por la mañana vamos al supermercado para _____.

6 Me tienes que ayudar a _____ del salón. Tienen manchas de pintura de la última reforma.

4 Completa el diálogo con las siguientes palabras.

> hacer la comida • hacer la compra • poner la lavadora
> recogido tu habitación • pasar el aspirador • guardado la ropa
> sacado a pasear • limpiar el cuarto de baño

Mario: Hasta luego, mamá. Me voy a dar una vuelta.

Sofía: Vale, ¿has [1] _____?

Mario: Sí, la he recogido y también he [2] _____ que estaba planchada.

Sofía: Muy bien. No vengas muy tarde, así me ayudas a [3] _____, que ya sabes que vienen los abuelos a comer y les gusta cómo haces la pasta.

Mario: No te preocupes, estaré aquí a las 12:30 como muy tarde.

Sofía: ¿Sabes si tu hermana ha [4] _____ al perro?

Mario: Pues sí, porque ha ladrado mientras salía por la puerta.

Sofía: Bueno. Luego nos vemos... Lucía ¿qué estás haciendo?

Lucía: Estoy terminando de [5] _____. La bañera y el espejo estaban muy sucios.

Sofía: ¿Puedes llevarme luego al supermercado y me ayudas a [6] _____?

Lucía: De acuerdo. Dame diez minutos y termino.

Sofía: Vale, así también me da tiempo a acabar de [7] _____ en el salón.

Lucía: Te dejo allí y te recojo en una hora. Mientras tanto, puedo [8] _____, que está lleno el cesto de la ropa.

Sofía: Eres un amor.

DESTREZAS

Félix y Julia

Por fuera no se nota nada especial, pero su casa es 100 % ecológica. Las paredes son de barro y cáñamo: protegen del frío y no contienen productos químicos.

«No podríamos vivir en una casa hecha con materiales contaminantes», confiesan, orgullosos de su modo de vida. Comen alimentos biológicos y utilizan letrinas secas. «La letrina seca va igual de bien que el váter normal», dice Félix, «no huele mal y es mejor para el medioambiente».

Mientras estaban construyendo su casa, vivieron en una yurta (especie de tienda de campaña): «Ahí vives de otra manera. Se oyen los ruidos de fuera, los animales..., incluso crecían tréboles en el interior».

Pero que nadie piense que viven en la Edad Media. Tienen internet y televisión, y Félix toca la guitarra eléctrica. Su situación suscita la envidia de muchos. Una amiga de Julia está intentando persuadir a sus padres para que adopten el mismo estilo de vida.

Nora

Nora tiene 18 años y reconoce que tiene mucha suerte de vivir en el barrio de Vauban, en Friburgo, una ciudad alemana cerca de la frontera con Suiza. «En el salón tenemos grandes ventanales que dan al jardín. A través de ellos entra la luz, pero son aislantes, como los gruesos muros: así no necesitamos tener calefacción. Hay varias maneras de no consumir electricidad. ¡Yo no cambiaría esta casa por nada del mundo!». Al cabo de diez años de trabajo, Vauban se ha convertido en un modelo ecológico; Nora puede admirar los edificios multicolores y disfrutar de la ausencia de automóviles.

LEER

1 Lee los textos anteriores y contesta a las preguntas.

1 ¿Cómo son las paredes de la casa de Félix y Julia?

2 ¿Por qué es mejor una letrina que el váter normal?

3 ¿Cuándo vivieron Julia y Félix en una yurta? ¿Qué es una yurta?

4 ¿Quién toca la guitarra eléctrica?

5 ¿Dónde vive Nora?

6 ¿Por qué la familia de Nora no necesita tener calefacción?

7 ¿Cómo es Vauban actualmente?

ESCUCHAR

2 Escucha la conversación entre Clara y Alicia y di si las siguientes afirmaciones son verdaderas (V) o falsas (F). Corrige en tu cuaderno las falsas.

1 ☐ Clara y Jorge han hecho un crucero.
2 ☐ La casa donde estaban alojados no tenía cuarto de baño.
3 ☐ La habitación de matrimonio tenía unas vistas a la plaza Rembrandt.
4 ☐ La casa tenía un jardín con plantas y flores.
5 ☐ En Ámsterdam todo el mundo se mueve en bicicleta.
6 ☐ Clara y Jorge solo visitaron el museo Van Gogh.

ESCRIBIR

3 Imagina que vas de vacaciones a Marruecos y pasas unos días en una *haima* en el desierto con una familia de *tuaregs*. Escribe en tu cuaderno una carta a tus amigos, contándoles cómo es la tienda y tu experiencia.

5 El cambio climático

VOCABULARIO

1 Completa el crucigrama con los verbos relacionados con el medioambiente.

1. Causar daño, maltratar una cosa.
2. Reducir a pedazos o a cenizas algo material, u ocasionarle un grave daño.
3. Alterar la pureza de una cosa.
4. Gastar o no aprovechar una cosa debidamente.
5. Mantener una cosa en buen estado.
6. Comunicar calor a un cuerpo.
7. Cubrir de agua los terrenos, poblaciones o casas.
8. Echar agua sobre una superficie para ayudar a las plantas.

2 Completa las frases con una de las siguientes palabras.

contaminación • destrucción • supervivencia
desperdicios • riego • reciclaje • conservación
inundaciones • calentamiento • daños

1. Cuidar de nuestro planeta es necesario para la .... del ser humano.
2. Hay que procurar no causar .... a las especies en peligro de extinción.
3. La .... de la selva amazónica puede tener graves consecuencias para el planeta.
4. Todos tenemos que colaborar en el .... de la basura.
5. Las últimas lluvias han provocado graves .... en las comarcas del Pirineo catalán.
6. Greenpeace es una Organización No Gubernamental que cuida de la .... del medioambiente.
7. El .... global está provocado por el aumento del agujero en la capa de ozono.
8. En las casas ecológicas se reutiliza el agua de lluvia para el .... del jardín.
9. Las grandes industrias son las causantes de la .... del planeta.
10. Cuando comas en el campo, llévate los .... a tu casa.

3 Escribe cinco cosas que tu familia y tú hacéis habitualmente para evitar la destrucción del medioambiente.

GRAMÁTICA

Condicionales reales

1 Escribe frases, como en el ejemplo.

Si / inventar (ellos) / un coche ecológico / la gente / lo / comprar
Si inventan un coche ecológico, la gente lo comprará.

1 Si / llover / en primavera / no haber / sequía en verano

2 Si el grifo / perder / agua / tener (nosotros) / que arreglarlo

3 Si / llamar (tú) / a Antonio / venir (él)

4 Poder (nosotros) / enviar la noticia / al periódico / si / hacer (nosotros) / una foto

5 Si / pedírselo (nosotros) / al alcalde / poner (ellos) / contenedores en el barrio

6 Mi madre / enfadarse / conmigo / si / no bajar (yo) / la basura al contenedor

7 Si la contaminación / disminuir / el aire / ser / más respirable

8 Si / hacer / mucho frío / los abuelos / no venir / de excursión con nosotros.

9 Salir (nosotros) / a dar un paseo / si / dejar de llover

10 Comprar (ellos) / una casa nueva / si / tocar la lotería (ellos)

11 Si / usar (nosotros) / bombillas de bajo consumo / reducir (nosotros) / nuestra huella de carbono

2 Relaciona y forma frases.

1 ☐ Si cultivamos alimentos transgénicos, …
2 ☐ Si comemos alimentos manipulados genéticamente, …
3 ☐ Si no dejamos de contaminar, …
4 ☐ Si continuamos consumiendo tanto petróleo, …
5 ☐ Si los investigadores descubren nuevos medicamentos, …
6 ☐ Si me compro una casa en el campo, …
7 ☐ Si los científicos ahora clonan animales, …
8 ☐ Si cuidamos de los animales en peligro de extinción, …

a … no tendremos buena salud.
b … instalaré placas de energía solar en el tejado.
c … produciremos más comida.
d … este se agotará.
e … en el futuro lo harán con seres humanos.
f … destruiremos el planeta.
g … no seguirán desapareciendo las especies.
h … muchas enfermedades se curarán.

3 Completa las frases condicionales reales sobre el futuro, con tus propias ideas.

1 Si ...., estaremos más sanos.
2 Disfrutaremos de un mundo mejor si ....
3 Si ...., muchas especies desaparecerán.
4 Si el nivel del mar ...., algunas islas pequeñas ....
5 El calentamiento global .... si los gobiernos ....
6 Las grandes ciudades serán más habitables si ....

5

Pretérito imperfecto de subjuntivo

4 Completa la tabla.

INFINITIVO	PRET. INDEFINIDO INDICATIVO	PRET. IMPERFECTO SUBJUNTIVO
ser	ellos	yo ....
volver	ellos	él ....
estar	ellos	él ....
poner	ellos	nosotros ....
tener	ellos	vosotros ....
comer	ellos	ellos ....
hablar	ellos	nosotros ....
vivir	ellos	tú ....
conseguir	ellos	él ....
dormir	ellos	yo ....

5 Mira los dibujos y escribe los deseos de estas personas. Utiliza las siguientes frases.

> tener un perro • ir de campamento con mis amigos
> sacar buenas notas • regalarme una bicicleta
> hacer buen tiempo • dejar de llorar

¡Ojalá tuviera un perro!

1 ....
2 ....
3 ....
4 ....
5 ....

6 Completa las frases con el verbo correspondiente en pretérito imperfecto de subjuntivo.

> estar • enfadarse • poder • tener
> dejar • proteger • venir • ser (x2)

1 • Me gustaría que .... conmigo de compras este fin de semana.
   ▪ ¡Ojalá .... ir! Pero tengo que estudiar para el examen del lunes.

2 Tengo muchas ganas de irme de vacaciones. ¡Ojalá .... ya en la playa!

3 • ¿Cómo te gustaría que .... la vida en el futuro?
   ▪ Me gustaría que todos nosotros .... más solidarios y que .... de destruir el planeta.

4 ¡Ojalá mi madre .... más paciencia y no .... conmigo todos los días!

5 A mí me gustaría que todas las personas .... a los animales en peligro de extinción.

Me gustaría + infinitivo / subjuntivo

7 Rodea con un círculo la opción correcta.

1 Me gustaría **salir / saliera** con Sara.
2 Me gustaría que **ser / fuéramos** amigos.
3 Me gustaría que me **prestar / prestaras** algo de dinero.
4 ¿Te gustaría **que nos quedáramos / quedarnos** sin vacaciones?
5 Me gustaría que un robot **me hiciera / hacerme** los deberes.
6 No me gustaría **tener que / que tuviera** decírtelo más veces.
7 Le gustaría que yo **decirle / le dijera** que todo está arreglado.
8 No me gustaría **estar / estuviera** todo el domingo en casa.
9 ¿Te gustaría **venir / que vinieras** con nosotros de excursión?
10 Me gustaría que **leer / leyeras** este libro. Es buenísimo.

8 Completa los siguientes diálogos con los verbos entre paréntesis en la forma correcta.

1 • ¿Qué planes tiene para el futuro?
   ■ Me gustaría que me _____ (llamar / ellos) para trabajar en un periódico.

2 • ¿Tienes hambre? ¿Qué te gustaría _____? (comer)
   ■ Me gustaría que _____ (hacer / nosotros) una paella de mariscos.

3 • ¿Qué te gustaría que _____ (estudiar) tus hijos?
   ■ Me gustaría que mis hijos _____ (ir) a la universidad e _____ (hacer) una carrera para ayudar a los demás.

4 • ¿Qué te gustaría que _____ (hacer) tú y yo este verano?
   ■ Me gustaría que _____ (pasar) unas vacaciones tranquilas en plena naturaleza.

5 • Me gustaría _____ (encontrar) un sitio tranquilo para vivir.
   ■ ¿Y te gustaría que yo _____ (estar) contigo?

6 • ¿Con quién te gustaría _____ (trabajar)?
   ■ Me gustaría que mi hermano y yo _____ (trabajar) en la empresa de mi padre.

7 • Mamá, ¿te quieres venir al cine con nosotros?
   ■ Hoy no puedo. Cuando acabe de limpiar, me gustaría _____ (dejar) preparada la comida para mañana.

8 • ¿Te gustaría que _____ (mejorar) tus condiciones laborales?
   ■ Me gustaría que mis jefes me _____ (pagar) más y me _____ (dar) más vacaciones.

9 • ¿Te gustaría que _____ (comprar / nosotros) una silla nueva?
   ■ No, preferiría que _____ (arreglar / nosotros) la vieja.

10 • Has terminado tus estudios en el instituto. ¿Ahora qué te gustaría _____ (hacer)?
   ■ Me gustaría que me _____ (conceder / ellos) una beca para poder seguir estudiando en la universidad.

11 • ¿Qué vas a hacer este año?
   ■ Voy a matricularme en una academia, me gustaría _____ (apender) a dibujar.

9 Completa el texto con los siguientes verbos en su forma correcta.

conceder • salir • seguir • hacer • cumplir • acabar

Marcela es estudiante de Arquitectura en la Universidad Complutense de Madrid. «Llevo cinco años estudiando sin parar y ahora me gustaría [1] _____ de España para seguir estudiando en el extranjero.

Si tengo que empezar por un trabajo de prácticas, lo [2] _____. Me gustaría que alguna universidad europea me [3] _____ una beca.
Mis padres me animan mucho, porque les gustaría que yo [4] _____ siendo una buena arquitecta. Si este año no me la dan, [5] _____ estudiando en Madrid.
¡Ojalá se [6] _____ todos mis deseos!».

10 Corrige los errores.

1 Me gustaría que yo descansara este fin de semana.

2 Si quieres hacer una carrera universitaria, tuvieras que estudiar mucho.

3 Tendrás que trabajar mucho si querrás conseguir algo en la vida.

4 ¡Ojalá ganaré la carrera! Me gustaría que me dieran la medalla de oro.

5 Me gustaría que el viaje de este verano no será tan caro.

6 ¡Ojalá llegarás puntual para la cena!

5

COMUNICACIÓN

1 Lee la noticia y contesta a las preguntas.

Accidente en Chernóbil

El 26 de abril de 1986, a la una de la madrugada, comenzó un incendio en la central nuclear de Chernóbil, que no se consiguió apagar hasta el 9 de mayo, produciendo la dispersión de gases radiactivos especialmente peligrosos, como el yodo 131 y el cesio 137. Estos productos se depositaron de forma desigual, hasta llegar incluso a EE. UU. o Japón.

Tras la explosión, 237 personas mostraron síntomas del llamado Síndrome de Irradiación Aguda, de los que 31 fallecieron durante el accidente (bomberos y operarios) y luego otros 14 más en los 10 años siguientes. Además, 116 habitantes de la zona fueron evacuados, y se detectaron aumentos espectaculares de casos de cáncer. Las cifras de fallecidos por culpa de Chernóbil siguen siendo, 20 años después, muy confusas. Greenpeace la eleva a más de 200 000, mientras que para la ONU no pasarían de 60 000.

Se estima que la cantidad de material radiactivo liberado fue 200 veces superior al de las bombas de Hiroshima y Nagasaki, y el accidente fue clasificado como de nivel 7, accidente nuclear grave, en la escala INES, es decir, uno de los accidentes con peores consecuencias de la historia. Aunque la catástrofe de Chernóbil tuvo lugar por un claro error humano, hay que tener en cuenta que el mantenimiento de la central era muy defectuoso y con escasos controles de seguridad.

1 ¿Cómo se inició la catástrofe en la central nuclear de Chernóbil?

2 ¿Qué consecuencias produjo el incendio?

3 ¿En qué no están de acuerdo la ONG Greenpeace y la ONU?

4 ¿Por qué se produjo el accidente de Chernóbil?

2 Escucha y completa las opiniones a favor y en contra de la energía nuclear.

Energía Nuclear, ¿SÍ o NO?

1 La energía nuclear no emite gases _____.

2 El problema más grave de la energía nuclear son los _____.

3 La energía nuclear ofrece estabilidad de _____.

4 Aunque la energía nuclear emite _____ CO_2, los residuos radiactivos son su gran inconveniente.

3 Discute con tu compañero sobre las ventajas y los inconvenientes de la energía nuclear. Utiliza las siguientes expresiones.

- A mí me parece que...
- Creo que...
- Yo no creo que...
- ¿Tú crees que...?

COMUNICACIÓN Y VOCABULARIO

1 Completa el crucigrama con desastres naturales.

Horizontales

3 Presencia en el ambiente de cualquier agente químico, físico o biológico nocivos para la salud.
5 Masa grande de una materia que se desprende por una vertiente, precipitándose por ella.
6 Temblor en el terreno producido por fuerzas que actúan en el interior del planeta.
7 Cuando una enfermedad se extiende rápidamente y afecta a mucha gente.
8 Ola gigantesca producida por un terremoto en el fondo del mar.

Verticales

1 Tiempo seco de larga duración.
2 Fuego que se extiende sin control en terreno forestal.
4 Ocupación por parte del agua de zonas que habitualmente están libres de esta, por desbordamiento de ríos, lluvias torrenciales, etc.

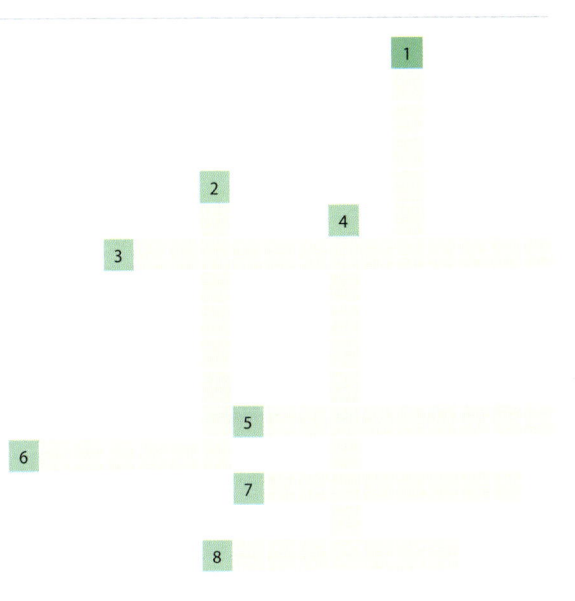

2 Elige la palabra correcta.

1 Las **ONG / epidemias** están haciendo un trabajo muy importante en el mundo.
2 El **aguacero / desbordamiento** del río ha producido numerosos desaparecidos.
3 Los **damnificados / voluntarios** por las inundaciones recibirán ayudas.
4 El volcán Colima de México expulsa una gran nube de **erupción / cenizas**.
5 La **sequía / ola de frío** que atraviesa el norte de Europa ha causado decenas de víctimas por congelación.
6 Más de dieciocho millones de mujeres sufren **pánico / malnutrición** severa.
7 Muchos jóvenes trabajan como **voluntarios / desplazados** en el continente africano.
8 La última **avalancha / tormenta eléctrica** provocó cientos de incidentes por caída de rayos.

3 Completa los textos con las siguientes palabras.

ola de frío • cenizas • epidemia • erupción • seísmo
refugiados • avalancha • incendios • insalubridad • víctimas
ONG • inundaciones • ola de calor • extendiéndose

Las catástrofes naturales de 2015 costaron más vidas que en el año anterior, aunque provocaron menos daños y costaron menos.
El peor desastre fue el [1] _____ que hizo temblar la tierra en Nepal en abril y que dejó 9000 [2] _____. La [3] _____ con altas temperaturas que golpeó India y Pakistán en mayo y junio y la que llegó a Europa quedaron justo por detrás, con 3670 y 1250 muertos, respectivamente.
Los daños provocados por la [4] _____ (que llegó a alcanzar -25 ºC) en Estados Unidos a principios de año, la tormenta Niklas en Europa o los [5] _____ en California (cuyas llamas destruyeron más de 20 000 hectáreas de terreno) se encuentran entre los mayores costes para las aseguradoras.
Las [6] _____ en el Norte de Inglaterra, de gran coste en daños materiales, fueron consecuencia de una meteorología inusualmente cálida y de lluvias torrenciales.

El 13 de noviembre de 1985 ocurrió la peor tragedia natural que ha sufrido Colombia. El volcán Nevado del Ruiz, que llevaba meses arrojando nubes de [7] _____, entró en [8] _____ y expulsó gases, materiales y aire atrapado calientes que derritieron un casco de nieve y produjeron una [9] _____ de agua, piedras, escombros y lodo que bajó a unos 60 kilómetros por hora por el cauce del río Lagunilla y llegó a la ciudad de Armero, donde sepultó a unas 25 000 personas.

La [10] _____ del cólera, que lleva [11] _____ en Kenia desde hace un año, ha golpeado ahora los campos de [12] _____ de Dadaab, situados en la frontera con Somalia. Más de 541 personas se han visto afectadas, la mayoría en el campo de Dagahaley. Esta enfermedad subraya las malas condiciones de vida e [13] _____ de estos campos, según indica el coordinador de la [14] _____, Médicos Sin Fronteras.

5

DESTREZAS

📋 LEER

1 Contesta SÍ (S) o NO (N) a las preguntas del cuestionario.

> ### ¿Qué espacios y qué aparatos consumen más energía en mi casa?
>
> **¡Haz tú mismo el diagnóstico!**
>
> Tú puedes identificar qué espacios de tu casa y qué aparatos están provocando el mayor consumo de electricidad y gas. Solo te vamos a ayudar un poco para que hagas un diagnóstico general e inmediatamente comiences a aplicar las medidas de ahorro de energía en tu hogar.
>
> 1. ☐ ¿Tiene el frigorífico de tu casa más de diez años?
> 2. ☐ ¿Introduces alimentos calientes en el frigorífico?
> 3. ☐ ¿Dejas encendida la televisión o el ordenador sin que nadie la vea o lo use?
> 4. ☐ ¿Con frecuencia se quedan las luces encendidas sin que haya personas en las habitaciones?
> 5. ☐ ¿En tu casa se lava la ropa con agua caliente?
> 6. ☐ ¿Usáis frecuentemente la secadora de ropa?
> 7. ☐ ¿Tiene tu casa sistema de aire acondicionado?
> 8. ☐ ¿Funciona el aire acondicionado más de diez horas al día?
> 9. ☐ ¿Continuáis utilizando en tu casa las bombillas tradicionales en vez de las de bajo consumo?
>
> Si todas o la mayor parte de las respuestas fueron SÍ, tú mismo puedes descubrir dónde necesitas aplicar medidas de ahorro de energía. Y, a la inversa: si todas o la mayor parte de tus respuestas fueron NO, te felicitamos y solo ten en cuenta aquel o aquellos casos en que tus respuestas fueron SÍ para aplicar las medidas sugeridas.

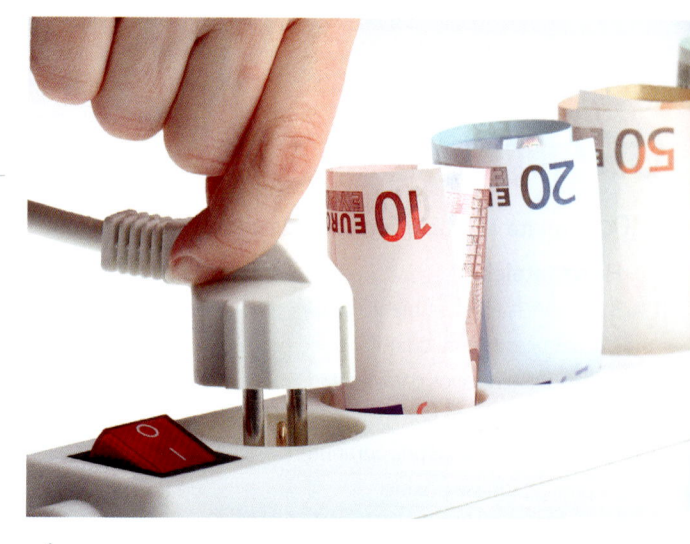

🔊 ESCUCHAR

2 🔟 ¿Cómo ahorrar energía en casa? Escucha los siguientes consejos. ¿Cuáles de los siguientes consejos para un consumo responsable de la energía escuchas en la audición?

1. ☐ En invierno, mantén la temperatura de tu casa a 20 °C.
2. ☐ No utilices la lavadora si no está llena.
3. ☐ Utiliza las dosis de detergente recomendadas por los fabricantes.
4. ☐ Elige los programas económicos para la lavadora y el lavaplatos.
5. ☐ Evita tener la puerta del frigorífico abierta durante un tiempo prolongado.
6. ☐ Mantén una distancia mínima entre la nevera y la pared.
7. ☐ No dejes encendida la luz cuando no haya nadie en la habitación.
8. ☐ Es más ecológico utilizar un ventilador que el aire acondicionado.
9. ☐ Mantén limpios los filtros del aire acondicionado.
10. ☐ Apaga los electrodomésticos cuando no los estés utilizando.

✏️ ESCRIBIR

3 ¿Qué hacéis en tu casa para ahorrar energía?

....
....
....
....
....
....

Multiculturalidad

VOCABULARIO

1 Completa las frases con las siguientes palabras.

> artesanía • paro • patera • acento
> costumbres • nacionalidades • subsaharianos
> asiática • inmigrantes • raíces

1. Ibrahim llegó a Canarias en .... hace cinco años.
2. Li Xu es ...., de Pekín, y estudia en un instituto de Zaragoza.
3. Los padres de Fátima son .... y sus .... están en África.
4. En mi ciudad convive mucha gente de distintas ....
5. Sandra es rumana y tiene .... andaluz, pues lleva viviendo en Cádiz más de diez años.
6. Ahora Julio no tiene trabajo y está en ...., pero dentro de dos semanas va a empezar un curso de .... en un centro cultural del barrio.
7. Las .... de los .... a veces son muy diferentes a las de los españoles.

2 Escribe las preguntas a las siguientes respuestas.

1. • ¿................................?
   ▪ Llevo doce años viviendo en Valencia.
2. • ¿................................?
   ▪ Empecé a dar clases de Español para inmigrantes hace seis meses.
3. • ¿................................?
   ▪ Colaboro con la ONG «Médicos Sin Fronteras» desde marzo.
4. • ¿................................?
   ▪ Llevo más de cuatro años participando en proyectos de colaboración en África.
5. • ¿................................?
   ▪ Llevo tres meses trabajando en un restaurante asiático.

3 Completa el crucigrama.

Horizontales

1. Ayer escuché en las noticias que una .... había llegado a la costa de Almería.
2. Me hizo mucha gracia oír a Sara con .... mexicano.
3. Las .... de mi familia están en Valladolid.
4. Debido a la crisis hay mucha gente en ....

Verticales

1. Me gusta la comida ....: china, japonesa, tailandesa…
2. Mi clase es multicultural, hay chicos y chicas de distintas ....
3. Yo nací aquí, pero mis padres son ...., vinieron a trabajar aquí hace diez años.

GRAMÁTICA

Condicional

1 Pon el verbo entre paréntesis en condicional.

1. A mí me .... (gustar) colaborar en el proyecto Katiwura.
2. Alfonso dijo que te .... (enviar) un correo al trabajo.
3. Nakota dice que .... (tener) que probar el *sushi*. Seguro que nos gusta.
4. Yo creo que todos .... (deber) jugar en el mismo equipo.
5. Se lo .... (contar) a Jalila, pero seguro que no me entiende.
6. Yo .... (hablar) con el director, pero soy muy tímido.
7. Los estudiantes nuevos .... (querer) participar en la liga de fútbol del instituto.
8. • Amanda no vino ayer a la piscina.
   ▪ .... (estar) en casa de Alba.
9. Para la fiesta de final de curso .... (poder) llevar cada uno la comida típica de nuestro país.
10. Ismael y Margarita .... (venir) a la inauguración de la revista, pero tienen un examen.

2 Aconseja según la situación, como en el ejemplo.

Me duele la cabeza y tengo fiebre. (ir al médico)
Yo que tú, iría al médico.

1. He discutido con Manuel. (hablar con él)
2. No encuentro información sobre los transgénicos. (buscar en internet)
3. No sé nada de Verónica. (llamar por teléfono)
4. No sabemos qué comida preparar para Youssef. (hacer cuscús)
5. Mi reloj no funciona. (comprar uno nuevo)
6. Quiero ir de vacaciones a Irlanda. (aprender inglés)
7. La profesora me ha dicho que tengo muchas faltas de ortografía. (leer más)
8. Este verano nos vamos a África. (ponerse la vacuna de la fiebre amarilla)

3 Elige la palabra correcta para formar condicionales poco probables.

1. ¿**Veníais / Vendríais** Carlos y tú con nosotros si fuéramos a los carnavales de Venecia?
2. Si te **leyeras / leerás** *Un día perfecto*, te encantaría.
3. Si **hablarás / hablaras** inglés, nos iríamos a vivir a Londres.
4. Si **tendré / tuviera** tiempo, haría yoga.
5. Yo **iré / iría** al concierto si tuviera dinero.
6. No **sabría / sabía** qué hacer si tuviera mucho tiempo libre.
7. Si me **dejaran / dejarán** mis padres, me iría contigo a Brasil.
8. **Participaré / Participaría** en la maratón de Madrid si pudiera entrenar todos los días.
9. Si me hubiera enviado su currículum, Carolina **tendría / tenía** trabajo.
10. Amira y Abraham **serían / eran** muy felices si pudieran ir todos los días a la escuela.

Condicionales reales / Condicionales potenciales

4 Completa las frases con las siguientes palabras.

> serían • practicara • llegas • conseguiré • iremos
> podremos • discutirían • hubiera • tendría • compraría

1 Si vuelves antes de las seis, _____ ir al cine a ver la última película de Javier Bardem..
2 Si ahorrara un poco más, me _____ un ordenador nuevo.
3 Tocaría la flauta mejor si _____ todos los días.
4 Si me escucharais, no _____ que repetir todo de nuevo.
5 Si estudiara más, mis padres _____ menos conmigo.
6 Me enfadaré contigo si _____ tarde.
7 El sábado _____ a la piscina si hace buen tiempo.
8 Si no me ayudas con los problemas de matemáticas, no _____ aprobar.
9 Muchas familias _____ felices si tuvieran agua corriente en sus casas.
10 Un mundo mejor sería posible si no _____ guerras.

5 Haz preguntas usando el condicional poco probable. Luego contéstalas.

> ¿Qué (tú / hacer) si (tú / ver) un ovni?
> • ¿Qué harías si vieras un OVNI?
> ▪ Si viera un OVNI, saldría corriendo.

1 ¿Qué (tú / hacer) si (tú / ser) invisible?
2 ¿Si (tú / tener) una máquina del tiempo, a dónde (tú / ir)?
3 ¿Si (tú / ir) al pasado, a quién (tú / gustar) conocer?
4 ¿Qué (tú / cambiar) de tu personalidad si (tú / poder) elegir?

6 Termina las frases con tus propias palabras.

1 Si me envías un correo, _____
2 Si no invitas a Sabrina a la fiesta, _____
3 Yo sería feliz si _____
4 Me preocuparía si _____
5 No saldré con ellos si _____
6 Si pudiera vivir en otro país, _____
7 Mis padres se enfadarían si _____
8 Si me encontrara un billete de 50 €, _____

7 Completa el texto con la forma correcta de los verbos entre paréntesis.

La tenista Ana Muñoz de 15 años ha llegado a la final del Open Madrid y si ella [1] _____ (ganar), se convertirá en la primera tenista adolescente en conseguir tres títulos en el mismo año. Ana cree que si María Brown juega tan bien como en la semifinal, la [2] _____ (vencer).
La mayoría de los periodistas piensan que Ana es demasiado modesta. De hecho, si algunos de ellos pudieran, [3] _____ (apostar) por Ana. Además, Ana tiene más talento que María Brown y si ella [4] _____ (no ponerse) nerviosa, ganará fácilmente. Esperamos que gane Ana y pueda celebrar así su tercer trofeo del año.

8 En cada frase hay un error. Corrígelo.

1 ¿Qué harías si te encuentras un famoso por la calle?

2 Si tuviera tu número de teléfono, te llamaré.

3 Si terminaré pronto de hacer los deberes, jugaré al tenis con Francisco.

4 Si vienen mis amigos esta tarde a ver el partido de fútbol, compraríamos una *pizza*.

5 Seríamos más felices si tuvimos más amigos.

6 Si viviera en Italia, comeré todos los días pasta.

7 Estás más sano si comieras verdura y fruta todos los días.

8 No aprendiste bien un idioma si no vives en el país una temporada.

Diminutivos

9 Escribe el diminutivo de las siguientes palabras. En algunas ocasiones hay más de una opción posible.

1 cara	
2 poco	
3 vaso	
4 voz	
5 botas	
6 amiga	
7 boca	
8 fresca	
9 cuaderno	
10 caja	

10 Completa las frases con los diminutivos del ejercicio anterior.

1 Amanda, hija, ponte las _____ de agua que está lloviendo.

2 Hace mucho calor, ¿quieres un _____ de agua?

3 Las _____ de los niños mirando con asombro sus juguetes lo dicen todo.

4 La _____ de Pedro tiene una _____ muy dulce.

5 Necesito un _____ de tapas amarillas para la asignatura de Música.

6 Ramiro, date más prisa, que ya queda _____ para llegar al parque.

7 Mis padres me regalaron una _____ de madera para meter los pendientes.

8 Cuando Silvia abrió el regalo de cumpleaños de su novio, se quedó con la _____ abierta.

9 ¡Qué calor! Necesito tomar algo _____.

11 Elige la palabra adecuada.

1 Siempre llevo algunas monedas en el **bolsillo / bolso** de la chaqueta.

2 Mi madre siempre lleva su **maleta / maletín** para meter sus libros y los exámenes de sus alumnos.

3 Nosotros usamos **ventanillas / bombillas** de bajo consumo.

4 Tengo que comprarme un **martillo / cuadernillo** para hacer mis dibujos.

5 Jaime se cayó patinando y se hizo daño en la **mesilla / barbilla**.

6 El otro día me encontré con Blanca en la **ventana / taquilla** del cine.

7 ● ¿Dónde está mi libro?
  ■ En la **mesilla / mesa**, junto a la cama.

8 Las **ventanas / ventanillas** del coche de Juan son negras.

COMUNICACIÓN

1 Las diferencias culturales son muy interesantes. Generalmente damos por sentado que las cosas son de una determinada manera para todo el mundo, pero hay ciertos códigos que cambian de un país a otro.
Lee las siguientes afirmaciones sobre gestos o actitudes y escribe al lado a qué país o cultura corresponden. Puedes buscar la información en internet.

japoneses • asiáticos • árabes • budistas
nórdicos • latinos • italianos • búlgaros

1 Asentir con la cabeza de arriba abajo indica «no» y moverla de lado a lado indica «sí».

2 Darse la mano indica hospitalidad y amistad.

3 Mueven mucho las manos y los brazos mientras hablan.

4 La cabeza es sagrada y no se debe tocar nunca la de otro.

5 Dan la tarjeta profesional al presentarse para conocer rango o jerarquía del otro y poder mostrar o exigir el respeto debido a cada parte.

6 Para ellos, el 13 no es un número de mala suerte porque sus quinielas son de 13 aciertos.

7 Se saludan con una inclinación del cuerpo en las situaciones formales.

8 Las flores para regalar deben ser en número impar y hay que evitar los colores blanco y amarillo.

9 Los silencios en una conversación son señal de respeto al otro.

10 Comen siempre con la mano derecha.

2 Completa la conversación con las siguientes expresiones. Después, escucha y comprueba.

tantos gestos • son muy puntuales • ¡No me digas!
al principio me costó un poco • ¡Qué va! • ¡Qué serios!
Pues en mi casa • son distintas costumbres

Lucía: Este verano he estado quince días en Inglaterra aprendiendo inglés con una familia.
Ramiro: [1] .... Y ¿qué tal?
Lucía: Bien. Bueno, [2] .... adaptarme.
Ramiro: ¿Y por qué?
Lucía: Los horarios de la comida son diferentes a los nuestros. Cenábamos a las seis de la tarde.
Ramiro: ¿Y a qué hora se van a la cama, a las siete?
Lucía: [3] .... Se van a las once. También les molesta que llegues tarde, porque ellos [4] ....
Ramiro: [5] .... todos llegamos tarde.
Lucía: Otra cosa curiosa era cuando hablábamos, ya sabes, yo muevo mucho las manos y los brazos mientras hablo, y ellos se quedaban sorprendidos porque no están acostumbrados a [6] ....
Ramiro: [7] ....
Lucía: Bueno, no lo son tanto, solo [8] ....

3 Imagínate que has ido a otro país a estudiar un idioma y tienes que convivir con una familia. Prepara un diálogo con tu compañero como el del ejercicio 2. Escríbelo en tu cuaderno.

6

COMUNICACIÓN Y VOCABULARIO

1 Observa las imágenes y completa las palabras que las describen.

1 G............ÓN   2 R............OS   3 I............ES   4 C............ES   5 M............AL

2 Encuentra ocho palabras relacionadas con la cultura y la solidaridad.

```
O D A I G U F E R V L H Ñ T
D Z U L T I Ñ U L T K L A L
G Q Y C O C E O A Z R C E B
L A W Ñ Z T H J I U L T W O
O S V B E Ó N X C Ñ N X W U
B B C I T X Q P A A K P U É
A O A D J Ñ K Q R C M I Z T
L F I I N M I G R A N T E O
I J B C E N I M I B C R I D
Z N O J S M P Q T D C Ñ F C
A E F Y E T W U L H Q Y W B
C L O D E S I G U A L D A D
I E N T Ñ O D W M C J P O L
Ó A E T N A R E P O O C H L
N G X Í Z J Ñ C Z H Ñ J R V
```

3 Completa las frases con el vocabulario del ejercicio 2.

1 Europa está recibiendo la mayor ola de .... desde la Segunda Guerra Mundial
2 La mayoría de los .... en España proceden de Iberoamérica, Europa y Norte de África.
3 Debido a la crisis económica, muchos jóvenes tienen que .... a otros países para poder trabajar.
4 Los .... de las ONG se vieron desbordados por la epidemia de ébola.
5 La .... social sigue siendo un problema mundial.
6 Londres es una ciudad .... Dentro de ella conviven ciudadanos de los cinco continentes.
7 El miedo al extranjero es la base de la .... Para evitarla, hay que educar en la igualdad y el respeto a todos los seres humanos.

4 Completa la carta de un emigrante con las siguientes palabras.

globalizado • inmigrante • refugiados desigualdad • multicultural

Soy un ciudadano sudanés, originario de la etnia dinka, que es la tribu mayoritaria de mi país. Llegué a Europa como [1] .... hace ya más de dos años, huyendo de la mala situación económica y de la persecución política que sufría en mi país.

Europa para mí era como un sueño, la imaginaba como una sociedad [2] .... en donde apenas existía [3] .... Pero cuando llegué aquí, nada fue como pensaba. Como carezco de permiso de residencia y tampoco tengo permiso de trabajo, tengo que trabajar ilegalmente en una fábrica para poder comer. A pesar de que mi jornada es superior a diez horas, mi salario es tan escaso que no me llega a fin de mes y tengo que pedir ayuda a distintas ONG. Mis compañeros de raza blanca tienen mejores salarios y el trato hacia ellos es muy distinto al que yo recibo.

Con todo, esto no es lo peor, sino la mala educación y la falta de respeto de mis vecinos, que demuestran un racismo que pensaba que no existía en este mundo más desarrollado y [4] ....

Con la reciente crisis de los [5] .... , mi situación ha empeorado. Tengo miedo de que me detenga la policía y me devuelva a mi país.

En lugar de cerrar los ojos, los países ricos deberían ayudar a los demás para mejorar las malísimas condiciones en las que vive la mayoría de la población mundial y que nos obligan a emigrar.

DESTREZAS

📋 LEER

1 Lee el siguiente texto. Después, contesta a las preguntas.

PROYECTO KATUWIRA
Un sueño hecho realidad

El IES Villa de Valdemoro ha iniciado este curso el proyecto solidario Katuwira, palabra quechua que significa «lugar donde nacen los sueños».

Este proyecto consiste en establecer contacto con niños y jóvenes que viven en un Pueblo Joven* llamado «Jorge Basadre», situado a las afueras de la ciudad de Chiclayo, al norte del Perú. Se trata de una población marginal, con pocos recursos económicos, que carecen de lo más imprescindible para vivir. Algunas familias apenas tienen qué comer, los trabajos de los padres suelen ser eventuales y el salario que ganan apenas cubre las necesidades más básicas.

Gracias a la construcción de un comedor por la Asociación Nuestra Señora de las Nieves hace seis años, más de 300 niños y jóvenes pueden realizar al menos una comida «fuerte» al día y, mediante un sistema de apadrinamiento, se les ayuda a que puedan acudir a los centros públicos de la zona y cursar educación primaria y secundaria.

Con esta iniciativa, queremos que los alumnos aprendan a compartir y vivir en un mundo más solidario.

Para conseguir este fin, en diciembre se organizó la primera chocolatada navideña en el gimnasio del Instituto, y todo el personal del Centro participó comprando una papeleta que se canjeó por un vaso de chocolate y unos riquísimos bizcochos. Además, se preparó un rastrillo solidario en el que se expusieron para su venta artículos peruanos.

TRIZAS – Revista del IES Villa de Valdemoro –

---
* En Perú se llaman Pueblos Jóvenes a los barrios de las afueras de las ciudades en los que vive gente con pocos recursos.

1 ¿Qué significa «Katuwira»?

2 ¿En qué consiste el proyecto Katuwira?

3 ¿Qué problemas tienen las familias del Pueblo Joven «Jorge Basadre»?

4 ¿Cómo se les ayuda a que puedan ir al colegio y cursar la educación primaria y secundaria?

5 ¿Qué tipo de actividades se prepararon en diciembre en el instituto?

🔊 ESCUCHAR

2 Escucha la entrevista que Raúl, un alumno del Instituto Los Naranjos (en Valladolid), realizó a Laura, una periodista que hizo un reportaje de la Asociación Kamabai. Luego indica si las siguientes afirmaciones son verdaderas (V) o falsas (F). Corrige en tu cuaderno las falsas.

1 ☐ La idea de crear la Asociación Kamabai surgió cuando conocieron a un músico.
2 ☐ Colaboran en proyectos de agricultura.
3 ☐ La región de Kamabai está en Senegal.
4 ☐ Mandan dos veces al año contenedores de veintidós toneladas cada uno.
5 ☐ Reciben ayudas del gobierno.
6 ☐ Se puede colaborar apadrinando adolescentes y maestros.

✏️ ESCRIBIR

3 Escribe en tu cuaderno un informe para la revista del instituto sobre alguna asociación o ONG con la que te sientas más identificado, contando en qué consiste su proyecto.

7

¡Gastar y gastar!

VOCABULARIO

1 Busca en la sopa de letras nueve artículos de lujo. Algunas respuestas tienen más de una palabra.

```
S C R U C E R O D E L U J O R I O P
A C O L E C C I Ó N D E A R T E W I
F O I H U Y R Q C A I G N O B V A O
E C A U T E I O P E N O J P E M E U
R H U C E S T R E N D I Y A T E T D
X E N Q S A X F I A N E A D I Ñ U Í
U D C A U T E N V C R I L E M E K A
D E A M A N S I Ó N U A Q D I E S P
T P P O K N R A O S T H O I K R P R
A O E Ñ L P A Y S T A B E S U Q H O
O R N I N W O X P F D R D E I D R E
Ñ T E Ó N S N V I G O D R Ñ B C E T
C I I P R A B M A Y O R D O M O X M
I V Z E C U R A K G T E S T I G R H
A O R G U A R D A E S P A L D A S A
```

2 Completa las frases con los siguientes verbos. Utilízalos en su forma correcta.

vender • gastar • consumir • comprar
ahorrar • prestar • pagar • costar

1 Mi hermana tiene mucha facilidad para .... dinero porque le encanta ir de compras.
2 El vuelo a Alicante fue muy barato. El billete .... 6 €.
3 Voy a .... todos los videojuegos que ya no uso.
4 Tengo que .... para poder viajar este verano con mis amigos en interrail.
5 Si necesito algo más de dinero, me lo .... mi hermana.
6 Me voy a .... un ordenador nuevo, el que tengo ya no funciona.
7 ¿Cómo va a .... los pantalones, en efectivo o con tarjeta de crédito?
8 Yo creo que nuestros abuelos no .... tanto como nosotros.

3 Imagina que has ganado dos millones de euros jugando a la lotería y te gustaría donar un millón a una ONG. Haz una lista de las cosas en las que te gustaría que esta organización empleara el dinero.

4 Completa el crucigrama con el vocabulario del texto de la página 87 del libro. Algunas respuestas tienen más de una palabra.

Horizontales

1 Conjunto de actividades relativas a la producción y consumo de riquezas.
2 Moneda de cambio.
3 Personas que compran y gastan.

Verticales

4 Documento que permite a su titular comprar un producto sin tenerlo que pagar en el momento.
5 Espacio en el que se mueven los consumidores y los productores.
6 Cantidad de dinero que no se gasta y se guarda.

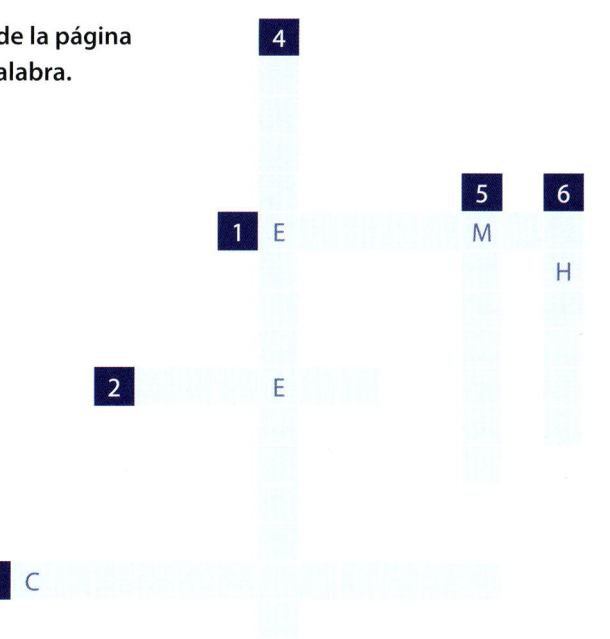

GRAMÁTICA

Oraciones de relativo

1 Completa las frases con las siguientes palabras.

que (x3) • en el que • por los que • por la que • en la que • con el que • del que • con los que • donde • con la que

1 *Cuentos de Eva Luna* es el libro .... estaban hablando Marisa y Teresa.
2 Esta es la calle .... se va al polideportivo.
3 Estos son los chicos .... fuimos de excursión el sábado pasado.
4 La película .... me dejaste no se veía muy bien.
5 Argentina es uno de los países .... no me importaría vivir una temporada.
6 ¿Conoces a la chica .... estaba hablando Ángel?
7 Admiro a la gente .... colabora con una ONG.
8 ¿Quieres ver las fotos de los países .... han viajado mi hermano y sus amigos?
9 Todos los veranos pasamos quince días en el pueblo .... nació mi padre.
10 Nosotros visitamos el teatro .... aparecía en la película *El Padrino 3*.
11 Esta es la clase .... damos Plástica.
12 Mi vecino Fernando se quedó con el balón .... rompimos su ventana.

7

2 Combina las frases con las siguientes palabras: *que, donde, con la que.*

El profesor enseña español. Él vive cerca de mi casa.
El profesor que vive cerca de mi casa enseña español.

1 La obra de teatro me pareció muy divertida. Fuimos a verla ayer.

2 El móvil es muy moderno. Me lo han regalado mis padres.

3 La discoteca estaba llena de gente. Estuvimos bailando allí.

4 La chica es muy guapa. Mi hermano sale con ella.

5 El chico es rumano. Él se sienta a mi lado en clase.

6 El restaurante está al final de la calle. Todos los famosos van allí.

7 El parque está a las afueras de la ciudad. Nosotros nos conocimos allí.

8 El perro es de mi vecino. Ayer lo vimos en el parque.

3 Elige la opción correcta.

1 Voy a comprarte ese disco que te **guste / gusta** tanto.
2 Los alumnos que no **traigan / traen** el diccionario, no podrán participar en la yincana.
3 Lola es la chica que **lleva / lleve** las botas altas.
4 Los estudiantes que **tienen / tengan** muy buenas notas, recibirán una beca.
5 Carlos tiene una novia que **está / esté** siempre riéndose.
6 Los que **queréis / queráis** escribir una dedicatoria a Sonia, os quedáis en la hora del recreo.
7 En mi clase de Dibujo hay muchos estudiantes que **son / sean** de otros países.
8 ¿Conoces a alguien que **hable / habla** alemán?
9 El juego de ordenador que **tiene / tenga** Rodrigo es de la biblioteca.
10 Necesito un vestido que **es / sea** de tirantes para ir a la playa.

4 Relaciona y forma frases. Puede haber varias opciones.

1 ☐ ¿Tienes algún compañero…
2 ☐ No conozco a la chica…
3 ☐ Maribel no tiene ningún disco…
4 ☐ ¿Hay alguien en tu familia…
5 ☐ Me gusta la gente…
6 ☐ Yo soy amiga del chico…
7 ☐ Me han presentado a un chico…
8 ☐ Ven a ver la cámara de fotos…

a … que sabe respetar a los demás.
b … con el que estabas hablando.
c … que es fan de Michael Jackson.
d … al que le guste la revista *Manga*?
e … que me guste.
f … con la que bailaste en la fiesta de fin de curso.
g … que me han regalado para mi cumpleaños.
h … que viva en el extranjero?

5 Traduce las siguientes frases a tu idioma.

1 La niña con la que estaba jugando es de Guinea.

2 Mis padres me han comprado la moto que yo quería.

3 A mí me gusta viajar a países donde la cultura es distinta.

4 La calle por la que vamos al instituto está en obras.

5 El próximo ordenador que me compre será un portátil.

6 Este es el libro del que te hablé ayer.

Comparativos

6 Completa las frases con las siguientes palabras.

menos / que • tan / como • peor • mejores
más / que (x2) • mejor • mayores • tanto / como

1 La cosecha de naranjas de este año es _____ que la del año pasado. No ha llovido nada.
2 Jesús sale de la oficina a las seis de la tarde y no tiene _____ tiempo libre _____ su mujer.
3 Este trimestre las notas de Javier son _____ que las de su hermana.
4 La chaqueta de cuero ha sido barata. Me ha costado _____ de lo _____ esperaba.
5 Los amigos de tu hermano son _____ que él.
6 La moto de Andrés corre _____ deprisa _____ la tuya.
7 Segovia es una ciudad _____ tranquila _____ Madrid.
8 Los alumnos de este curso son _____ solidarios _____ los del curso pasado.
9 El teléfono móvil de mi hermano es _____ que el mío. Hace unas fotos fantásticas.

7 Combina los dos grupos de expresiones y escribe seis frases comparando a los hombres y a las mujeres.

tan / como • más / que • mejor • menos / que • peor

conducir • escuchar • hablar
vestir • trabajar • ser sensato/-a

1
2
3
4
5
6

Superlativos

8 Forma superlativos absolutos con los siguientes adjetivos.

simpático • divertido • caro • poco • bueno • aburrido

1 La paella que hace mi abuela está _____. Tienes que probarla.
2 Me queda _____ dinero, no sé si podré comprarme el libro de música.
3 Tu prima es _____, a todos nos cae muy bien.
4 Esos zapatos son preciosos, pero _____. No sé quién puede permitirse pagar esa cantidad.
5 La última película de Woody Allen es _____, me quedé dormida en el cine.
6 El amigo de tu hermana es _____, no paré de reír en toda la tarde.

9 Corrige los errores.

1 Los resultados de José son más malos que los de ella.

2 Los profesores de este año son tan simpáticos que los del año pasado. Me cae mal.

3 Esta camisa es más baratísima. Me la voy a comprar.

4 Hoy he dormido muy bien. Estoy menos cansada como ayer.

5 La foto de la Puerta de Alcalá es más buena que la de la Plaza Mayor.

7

COMUNICACIÓN

1 Lee la información sobre el Depósito Funky y complétala con las siguientes palabras.

> dinero • intereses • ahorro • 15 años
> 18% • domiciliar • tarjeta • 300 €

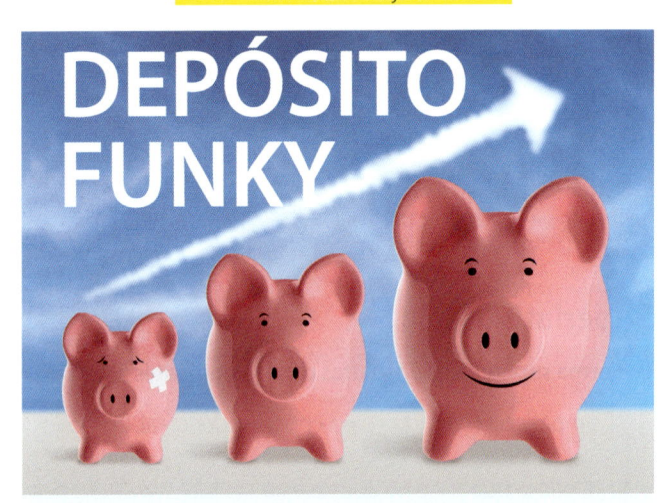

DEPÓSITO FUNKY

¡¡Déjanos tu dinero para que crezca con nosotros!!

La nueva forma de [1] _____ para los jóvenes.

SOLO NECESITAS:
- Tener más de [2] _____ y menos de 25.
- Disponer de algo de [3] _____ para ahorrar.
- Mantener un saldo medio mínimo de [4] _____.

CÓMO:
Ingresas el dinero y cada mes te abonamos los [5] _____ (2,5 % anual).

OTROS REQUISITOS:
- No puedes [6] _____ recibos.
- Tienes que contratar una [7] _____ Servired.

VENTAJAS:
- Puedes disponer de tu dinero cuando quieras: liquidez inmediata.
- Impuestos (nivel de retención fijo): [8] _____.

2 Lee la conversación para concertar una cita y complétala con las siguientes expresiones. Después, escucha y comprueba.

> ¿Cuándo podría ser? • ¿Cómo se llama?
> ¿Le va bien… • Quisiera informarme…
> ¿A qué hora? • ¿Podría ser a las cuatro?
> ¿En qué puedo ayudarle?
> ¿quiere que concertemos una cita?

Atención telefónica: Sí, buenos días. Le atiende Miguel Costa. [1] _____

Rosa: Hola, buenos días. [2] _____ sobre el Depósito Funky que ustedes ofrecen.

Atención telefónica: Muy bien, [3] _____

Rosa: Vale, de acuerdo. [4] _____

Atención telefónica: [5] _____ el jueves por la tarde?

Rosa: Sí, está bien. [6] _____

Atención telefónica: ¿Qué le parece a las cinco de la tarde?

Rosa: No, a las cinco no puedo. Tengo clase de Informática a las cinco y media. [7] _____

Atención telefónica: Sí, de acuerdo. [8] _____.

Rosa: Rosa Sierra.

Atención telefónica: De acuerdo, señora Sierra. Entonces nos vemos el próximo jueves, a las cuatro.

Rosa: Vale, gracias.

3 Practica la conversación con tu compañero.

COMUNICACIÓN Y VOCABULARIO

1 Relaciona las siguientes palabras con sus definiciones.

tique • descuento • rebajas • precio • efectivo • ganga

1. Recibo que te entregan cuando compras o consumes algo: ....
2. Valor monetario que se le asigna a algo: ....
3. Venta de productos a precios reducidos durante un período de tiempo en un establecimiento comercial: ....
4. Cosa de buena calidad o de valor que se consigue a muy bajo precio: ....
5. Acción de ofrecer un producto para su venta, especialmente cuando se ofrece a un precio más bajo de lo normal: ....
6. Realización de una compra con monedas o billetes: ....

2 Completa las frases con las siguientes palabras.

comisión • crédito • interés • prestado dinero • devolver
pedir dinero prestado • sacar dinero • ingreso • permitir

1. Todos los meses .... 100 € en mi cuenta de ahorro.
2. No me gusta .... a mis amigos. Prefiero pedírselo a mis padres.
3. Mi hermano me ha .... para comprarme la moto. Se lo devolveré en unos meses.
4. El banco estaba cerrado, pero pude .... del cajero.
5. La cuenta bancaria de este banco produce un .... del 3 %.
6. Pago una .... anual del 1 % por los servicios que me ofrece el banco.
7. Aunque no tengo dinero suficiente en mi cuenta, el banco me concede un .... de 250 € que me cobrará al mes siguiente con intereses.
8. Jorge tiene un móvil muy bueno: me encantaría tener uno igual, pero es muy caro y no me lo puedo ....
9. Tengo que .... a Jacinto los 10 € que me prestó.

3 Elige la palabra correcta.

1. No aceptaban tarjetas de crédito, así que tuve que pagar en **crédito / efectivo**.
2. Para podernos comprar el coche, tuvimos que pedir dinero **prestado / efectivo** al banco.
3. Me acabo de cambiar de banco. En este me ofrecen un **interés / descuento** mucho más alto.
4. Al terminar las temporadas de invierno y verano, siempre hay unos días de **descuento / rebajas**.
5. Esta camisa costaba 200 € y solo he pagado 100 €. Me han hecho un **precio / descuento** del 50 %.
6. En los cajeros automáticos normalmente sacamos dinero, pero también podemos **ingresar / prestar** dinero.
7. No nos podemos **permitir / devolver** ir de vacaciones este verano.
8. El banco me quiere cobrar una **comisión / ganga** por hacer una compra con tarjeta de crédito.

7

DESTREZAS

LEER

1 Lee el texto siguiente. Después, contesta a las preguntas.

Hábitos de consumo de los ADOLESCENTES

Los datos demuestran que los adolescentes disponen, como media, de unos 110 € mensuales para sus gastos personales. Esta cantidad de dinero varía entre los diferentes países. Los adolescentes del norte de Europa (en especial, de los países escandinavos) tienen menos dinero para sus gastos personales que en otros países. Por ejemplo: los finlandeses disponen de 54 € y los noruegos de 57 €.

Más de la mitad de los jóvenes se definen como ahorradores, a un 37% le gustan las marcas de lujo y un 30% prefiere productos de sus propios países.

La protección y el cuidado del medioambiente es un factor a tener en cuenta para la mayoría de los jóvenes. El 67% de los adolescentes lo consideran muy importante y un 40% realiza sus compras siendo conscientes de su cuidado.

Casi todos los adolescentes tienen algún medio digital. Prácticamente todos los jóvenes tienen su propia televisión o su propia conexión a internet. El 70% de los jóvenes afirma tener su propio reproductor de MP3. El 80% de los adolescentes tienen su propio ordenador.

Más de la mitad de los adolescentes dice ser consumidores esporádicos de marcas, aunque la mayoría afirma que prefiere las marcas con las que están familiarizados. Existen algunas marcas (de categorías muy diversas) que son las preferidas por los jóvenes de países diferentes; por ejemplo: Coca-Cola es sin duda, el refresco más popular entre los adolescentes de todo el mundo.

Extracto de un estudio internacional sobre hábitos de consumo entre jóvenes, dirigido por Sulake Corporation, basado en 42 000 adolescentes de 22 países

1 ¿En qué países disponen de menos dinero los adolescentes?

2 ¿Qué porcentaje de adolescentes se considera ahorrador?

3 ¿A qué da mucha importancia el 67 % de los adolescentes?

4 ¿Qué medios digitales son de uso común entre los jóvenes?

5 ¿Cuál es la actitud con respecto a las marcas?

6 ¿Cuál es la marca de refresco más famosa?

ESCUCHAR

2 Escucha la entrevista a Eva y completa las frases.

1 Eva compra su ropa favorita en ....
2 Cuando Eva se compra algo de ropa, se gasta unos ....
3 La paga que recibe es de ....
4 Cuando consigue ahorrar, se compra ....
5 Todos los días se conecta a ....

ESCRIBIR

3 Imagina que has comprado un MP4 por internet y que te ha llegado un modelo distinto al que habías elegido. Escribe en tu cuaderno un correo de reclamación para que recojan el modelo erróneo y te envíen el solicitado. No te olvides de poner a quién va dirigido el correo, el motivo y tu petición.

Relaciones personales

VOCABULARIO

1 Busca ocho verbos asociados a las relaciones personales en la sopa de letras.

```
D I S C U T I R W E M P
I C G L E C C I S N D E
S O R H U Y R R C A I G
C R I T I C A R L U R V
U H T C E M T R E A D E
L E A Q L A X F T A N N
P D R A U T E N V C R G
A E C T D A A I Ñ U A
R P P O K U R A O S T R
S O E Ñ G P A Y S T A S
E N F A D A R S E F D E
K D A Ñ I O W U T E S V
```

2 Completa las frases con los verbos del ejercicio 1 en su forma correcta.

1 El otro día Pablo .... por reírse de mí delante de mis amigas.
2 En la novela la protagonista .... de su agresor asesinando a su novia.
3 Diego .... ayer con su amigo Mario porque no quería ir a su fiesta de cumpleaños.
4 María se puso a .... cuando encendió la luz y vio una cucaracha encima de su cama.
5 ¡Ya no .... más ese ruido! Voy a decirle a Javier que deje de tocar la trompeta.
6 Marta es supermoderna y un poco *punky*. Sus amigas la .... por los tatuajes y *piercings* que se ha hecho.
7 Yo soy bastante nerviosa y, cuando necesito ...., hago ejercicios de respiración.
8 A veces mis padres .... conmigo porque me paso muchas horas con el ordenador y no estudio suficiente.

3 Relaciona las imágenes con las frases.

1 Blanca para calmarse hace ejercicios de yoga.
2 David y Marcos están discutiendo por el partido de fútbol.
3 Julia dio un grito tremendo cuando vio una serpiente en su habitación.
4 Isabel no aguanta el ruido de las motos.
5 Gonzalo y Jimena se han enfadado y ya no salen juntos.
6 Patricia y Julia siempre critican la forma de vestir de Mariano.

8

GRAMÁTICA

Perífrasis verbales

1 Completa con una de las siguientes perífrasis.

> está a punto de llegar • estuve viendo
> ha dejado de fumar • lleva jugando
> hemos empezado a hacer • ha vuelto a ver
> se pusieron a bailar • acabo de recibir

1 • ¿Por qué no me llamaste ayer por teléfono?
   ▪ Porque _____ la final de la Copa de Europa.

2 • ¿Sabes qué le ha pasado a Julia?
   ▪ Sí, _____ un mensaje.

3 Las estudiantes estaban escuchando música y luego _____.

4 Rodrigo _____ en el ordenador toda la tarde y yo no puedo buscar información en internet para el trabajo de historia.

5 Mi hermano _____ la trilogía de *El Padrino* y le ha gustado tanto como la primera vez.

6 ¡Por fin mi padre _____!

7 Nosotros ya _____ el itinerario para el viaje a Sicilia.

8 Por favor, ayúdame a recoger la habitación, mi madre _____.

2 Completa las frases con las siguientes palabras.

> acabo • han empezado • llevo • volver • deja
> estás • están a punto • pusieron

1 Me gustaría _____ a leer la carta de Luis.

2 En cuanto llegó María, se _____ a maquillarse para la fiesta de disfraces.

3 • ¿Por qué estás tan contenta?
   ▪ Porque _____ de ver a Sergio, el chico de 4.º B.

4 Creo que _____ de sacar otro disco.

5 Yo _____ toda la tarde intentando conectarme a internet.

6 Ana y Víctor _____ a salir juntos. Ya verás cuando se entere Mar.

7 Ya soy mayor, _____ de darme consejos.

8 ¿A quién _____ mandando ese mensaje?

3 Reescribe cada frase utilizando la perífrasis *llevar* + gerundio.

> He empezado a planchar a las cuatro. Son las seis y todavía no he terminado.
> *Llevo planchando dos horas.*

1 Amanda empezó a tocar la flauta hace cinco años. Todavía sigue tocando.

2 Cuando mi padre tenía veinticinco años compraba *El País*. Tiene cuarenta y cinco años y todavía lo compra.

3 Hemos empezado a ver el partido de tenis después de comer. Después de toda la tarde no ha terminado todavía.

4 Silvio empezó a estudiar español hace dos años. Todavía sigue estudiando.

5 Ana empezó a escribir una historia de miedo hace tres meses. Todavía no la ha terminado.

6 Esther empezó a bailar en la compañía de Víctor Ullate hace cuatro años. Todavía sigue allí.

7 Carlos y José empezaron a correr a las diez. Son las doce y media y no han llegado todavía.

8 Marta ha empezado a hacer los deberes a las seis y son las ocho y no ha terminado.

4 Relaciona las columnas y forma frases que tengan sentido.

1 Gema dejó de…
2 Mis padres han empezado a…
3 Hugo y Lucía han vuelto a…
4 ¡Date prisa! La función está punto de…
5 Mi hermano y sus amigos estuvieron…

a … salir juntos.
b … empezar.
c … pintar para cuidar a sus hijos.
d … viendo series toda la tarde.
e … preparar las vacaciones de verano.

5 Lee la siguiente conversación. Elige la opción correcta.

Irene: ¿Qué tal te va con tu grupo de *rock*?
Álvaro: Bien, [1] **estamos / llevamos** grabando un nuevo disco.
Irene: ¿Y ese amigo tuyo que toca la batería, sigue en el grupo?
Álvaro: No creo que [2] **se ponga / vuelva** a tocar con nosotros.
Irene: ¿Por qué?
Álvaro: [3] **Ha dejado / Ha empezado** la universidad y no tiene tiempo para ensayar. Y desde que sale con una chica...
Irene: ¿Desde cuándo?
Álvaro: Creo que [4] **llevan / están** saliendo dos meses.
Irene: ¿Y tú qué haces por las tardes?
Álvaro: Cuando tengo un ratito, me [5] **vuelvo / pongo** a escribir la letra para las canciones.
Irene: Entonces, [6] ¿**estáis / lleváis** buscando batería?
Álvaro: Bueno, [7] **acabo / vuelvo** de conocer a una chica que toca la batería. Si te esperas un momento, [8] **está / empieza** a punto de llegar.
Irene: Lo siento, [9] **he empezado / he dejado** a ir a natación y no puedo quedarme.
Álvaro: No importa.
Irene: La verdad es que me gustaría [10] **acabar / volver** a verte.
Álvaro: ¡Vale! Llámame y ven a vernos ensayar, seguro que te gusta el nuevo disco.

6 Traduce las siguientes frases a tu idioma.

1 Acabo de hacer un *casting* para el programa *Fama*.

2 Natalia está a punto de tener un hijo.

3 Margarita lleva trabajando con niños minusválidos cinco años.

4 Todos se pusieron a cantar cuando empezó la música.

5 ¿Has dejado de ver *Perdidos*?

6 Mi hermana Laura ha dejado de fumar.

8

7 Elige la opción correcta.

1. Josu y Fernando _____ varios días entrenando para la maratón de Madrid.
   a ☐ están   b ☐ llevan   c ☐ empiezan

2. _____ de mandar un contenedor lleno de comida para los niños de Sierra Leona.
   a ☐ Dejamos   b ☐ Empezamos   c ☐ Acabamos

3. Seguro que Verónica _____ a trabajar con nosotros.
   a ☐ deja   b ☐ vuelve   c ☐ acaba

4. Date prisa, que el partido _____ de empezar.
   a ☐ está a punto   b ☐ vuelve   c ☐ deja

5. Álex, en cuanto llega a casa, sube a su habitación y _____ a estudiar.
   a ☐ deja   b ☐ está   c ☐ se pone

6. Mi hermana está muy triste. No _____ de llorar en toda la tarde. No sé qué le pasa.
   a ☐ se ha puesto   b ☐ ha dejado   c ☐ ha empezado

7. Amanda y Alba _____ haciendo los decorados para la obra de teatro *El sombrero de tres picos*.
   a ☐ están   b ☐ llevan   c ☐ empiezan

8. ¡Por fin has _____ ponerte esa gorra tan fea!
   a ☐ acabado de   b ☐ empezado a   c ☐ dejado de

Pronombres objeto directo e indirecto

8 Completa con los pronombres de objeto directo.

1. No encuentro el móvil. _____ he perdido y, cuando se _____ diga a mi madre, se va a enfadar mucho.
2. Yolanda es una chica atractiva y tiene éxito entre los chicos. ¿Por qué te pasas el día criticándo_____?
3. No puedo contárte_____. Es un secreto.
4. Esa canción _____ he escuchado un montón de veces. Me gusta mucho y se _____ dedico a mi amiga Mercedes.
5. Juan se compró unos pantalones de cuero hace dos meses y, como ha engordado, no puede ponérse_____.

9 Escribe las frases con los pronombres de objeto indirecto, colocándolos en su lugar correcto.

1. Ana contó el chiste a Lucas y a mí.

2. El profesor dijo en voz alta las notas a los alumnos.

3. Juan mandó un mensaje a Rosa.

4. ¿Mi hermana ha dado una foto mía a vosotros?

5. Inés regaló una pulsera de cuero a Carlos.

10 Completa con los pronombres más adecuados de objeto directo u objeto indirecto.

1. Paula está enfadada con su hermano. No _____ aguanta y no _____ deja entrar en su habitación.
2. Marcos se venga de su hermana borrándo_____ los correos. A veces se disculpa.
3. Sergio _____ ha dicho a mí que quiere hablar contigo. Es mejor que _____ escuches.
4. ¿Por qué no _____ contáis al jefe de estudios y a mí _____ que ha pasado?
5. Adriana _____ ha pedido que _____ acompañe a su casa y _____ he dicho que sí.
6. En la fiesta estaba la chica que _____ gusta a Luis. Se ha puesto un poco rojo cuando _____ ha visto.
7. • Felipe está preocupado. Su novia _____ ha regalado un disco y no _____ gusta. ¿Tú sabes dónde _____ ha comprado?
   ▪ Creo que _____ compró en la FNAC y que _____ puede cambiar por otro.
8. ¿A ti no _____ importa que la gente contamine el planeta y _____ destruya?
9. ¿Sabes que _____ ha pasado a Rocío? Últimamente no _____ habla.
10. Di _____ a Marina que _____ esperamos en la puerta del cine.

COMUNICACIÓN

1 🎧 **Escucha la conversación entre Lorena y Andrea. Después, contesta a las preguntas.**

1. ¿Qué le pasa a Lorena?

2. ¿Dónde conoció al chico?

3. ¿Qué le aconseja Andrea?

2 🎧 **Escucha de nuevo la conversación entre Lorena y Andrea. Di si las siguientes afirmaciones son verdaderas (V) o falsas (F). Corrige en tu cuaderno las falsas.**

1. ☐ Lorena está enamorada de un chico italiano.
2. ☐ El chico es guapo y simpático.
3. ☐ Lorena no se lleva bien con sus padres.
4. ☐ Lorena no se atreve a contárselo a sus padres porque no la van a comprender.
5. ☐ Andrea cree que sus padres la dejarán quedar con él cuando vuelva a España.

3 🎧 **Lee la conversación entre Arturo y Emilio y complétala con las siguientes frases. Después, escucha y comprueba.**

> se pone furiosa • tiene un carácter realmente celosa • A mí me encantan es aburrida • me gusta hablar cuando más nos peleamos • tan divertidos a mí mis hermanos me caen • ¿Por qué lo dices?

Arturo: [1] _____ las vacaciones de verano porque es cuando mejor me entiendo con mis hermanos. ¡Son [2] _____!

Emilio: ¿Divertidos? Pues mi hermana [3] _____ y caprichosa; [4] _____ inaguantable. Estoy deseando volver al instituto.

Arturo: ¿Sí? [5] _____.

Emilio: Porque en verano es [6] _____.

Arturo: Pues [7] _____ muy bien. Son generosos y [8] _____ y jugar con ellos.

Emilio: La mía [9] _____ cuando mis padres me dejan ir a casa de algún amigo. Yo creo que está [10] _____ de mí.

4 **Prepara un diálogo con tu compañero, similar al del ejercicio anterior, comentando las relaciones con vuestros/-as hermanos/-as (o amigos/-as, vecinos/-as...). Escríbelo en tu cuaderno.**

sesenta y cinco **65**

8

COMUNICACIÓN Y VOCABULARIO

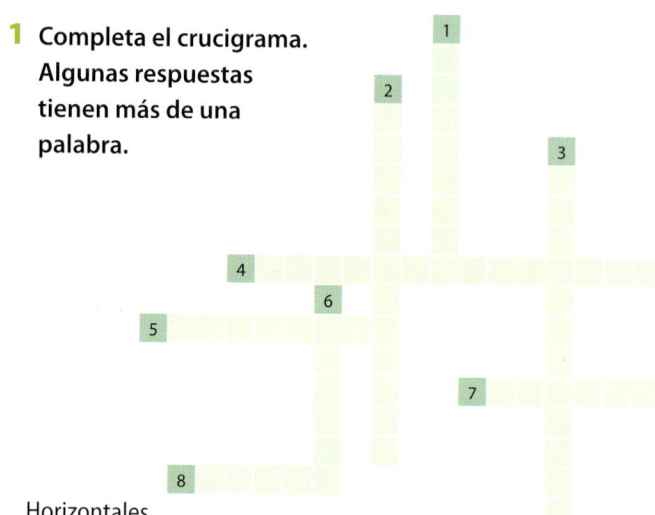

1 Completa el crucigrama. Algunas respuestas tienen más de una palabra.

Horizontales
4 Fijarse o interesarse por alguien.
5 Expresar con palabras inconformidad o desacuerdo.
7 Confirmar ideas de otra persona.
8 Tener una relación afectiva con alguien.

Verticales
1 No descartar lo que otros dicen, aunque estés en desacuerdo.
2 Tener una buena relación con alguien.
3 Frustrado.
6 Dejar de salir con una persona determinada.

2 Elige la palabra correcta.

1 Julia y David **están saliendo / haciéndose respetar**. Ayer los vi juntos de la mano.
2 El hermano de Celia siempre está **quejando / apoyando** a su novia. Es un chico encantador.
3 Juan se lleva bien con todos mis amigos, tiene muy **mal / buen** carácter.
4 Yo creo que Cristina y Mario **han roto / han salido**. Ayer vi a Cristina con otro chico.
5 La gente que se **siente decepcionada / hace respetar** transmite confianza.
6 Ese chico fue un ejemplo para nosotros. **Respetaba / Decepcionaba** la opinión de todos en la asamblea, aunque no pensara igual que ellos.
7 La mayoría de los chicos de mi clase se **sienten decepcionados / llevan bien**, son buenos amigos y a menudo quedan para jugar al fútbol.
8 Es importante no **quejarse / salir** por cosas sin importancia, para mantener una convivencia agradable con los demás.

3 Relaciona y forma frases.

1 ☐ ¿Romperías…
2 ☐ ¿Qué harías si…
3 ☐ ¿Saldrías con alguien…
4 ☐ ¿Qué harías si tu novio/-a…
5 ☐ Si tu novio/-a no te apoyara, …

a … que no hablara tu idioma?
b … no respetara tu opinión?
c … ¿te sentirías decepcionado/-a?
d … con alguien si no te llevaras bien con sus amigos?
e … alguien mostrara interés por ti?

4 Completa el siguiente diálogo con las siguientes palabras.

hacerse respetar • mostraba interés • decepcionada
respeta • saliendo • llevabais muy bien • quejarse
romper • apoyaba • tenía buen carácter

Mar: ¿Qué tal, Laura? Tenía ganas de hablar contigo.
Laura: Yo también, pero como ya nos vemos poco… Sigues [1] _____ con Javier, ¿no?
Mar: Sí, sigo con él. Pero últimamente estoy un poco [2] _____.
Laura: ¿Y eso? Si os [3] _____, parecíais la pareja perfecta.
Mar: Ya, eso era antes. Me encantaba cuando [4] _____ por todo lo que hacía y siempre me [5] _____ en mis decisiones.
Laura: Pero ¿qué es lo que ha cambiado? Javier siempre me ha parecido una persona que [6] _____.
Mar: No lo sé, pero ahora no hace más que [7] _____ si quedo con mis amigos, y cada vez más a menudo, no [8] _____ mi opinión.
Laura: Parece que está celoso, pero no te dejes controlar por él. Es muy importante [9] _____.
Mar: Estoy de acuerdo contigo. Hablaré con él y, si no cambia, estoy decidida a [10] _____.
Laura: Creo que es lo mejor. Por favor, llámame y me dices. Ya sabes que puedes contar conmigo para todo.
Mar: Gracias. Un beso.

DESTREZAS

📋 LEER

1 Lee las siguientes cartas y contesta a las preguntas.

ENTRE NOSOTROS

(Leonor – Madrid) Un chico de mi clase me pidió salir hace dos meses. Yo no me lo podía creer porque es un chico que siempre me había gustado. Es divertido, listo y guapo, pero el problema es que está obsesionado con los videojuegos y cada momento que tiene libre se engancha a jugar. A mí me gustaría seguir saliendo con él porque me gusta mucho, pero me siento ignorada. Estoy segura de que él prefiere pasar el rato jugando a estar conmigo.

(Iván – Sevilla) Tengo un problema. Me gusta una chica de mi clase desde que entramos en Primaria. Pasamos mucho tiempo juntos y hablamos de todo. Creo que ella piensa que somos simplemente amigos, pero yo quiero ser su novio. Sin embargo, no me atrevo a decírselo porque me da miedo que ella no sienta lo mismo y ya no quiera ser mi amiga. Quién sabe, quizás pudiera ser el comienzo de un romance o el final de una gran amistad.

1 ¿Cuál es el problema de Leonor?

2 ¿Qué carta habla sobre dos viejos y buenos amigos?

3 ¿Por qué sigue Leonor saliendo con ese chico?

4 ¿Por qué no se atreve Iván a contarle la verdad a la chica que ama?

🔊 ESCUCHAR

2 🎧 Escucha los siguientes diálogos de Pedro y Elsa y señala cuál de ellos tiene una respuesta asertiva.

DIÁLOGO 1 ☐   **DIÁLOGO 2** ☐   **DIÁLOGO 3** ☐

✏️ ESCRIBIR

3 Haz una descripción de tu barrio. Si es necesario, busca información en internet o pregunta a amigos o familiares. Divide tu redacción en párrafos.

- Introducción: información general
- Breve historia del lugar
- Actividades principales y costumbres de la gente
- Gastronomía y fiestas populares
- Conclusión (da también tu opinión sobre lo que te gusta más o menos)

9 Literatura y teatro

VOCABULARIO

1 Relaciona los títulos de los libros con los siguientes tipos de obras literarias.

ciencia ficción • romántica • fantástica • policíaca • histórica • humor • terror • cuentos populares

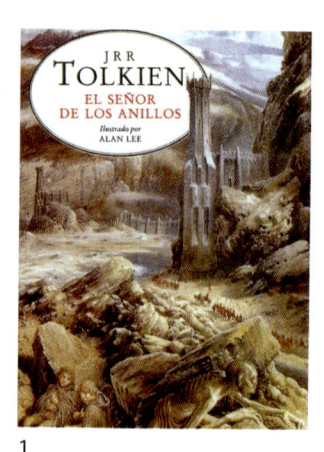

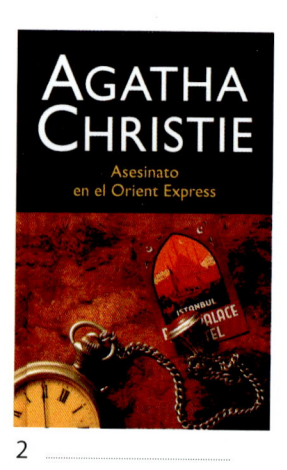

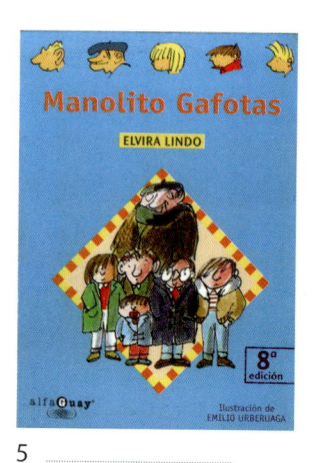

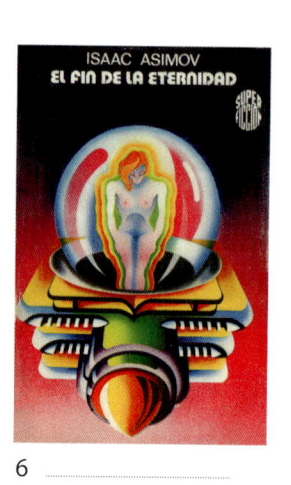

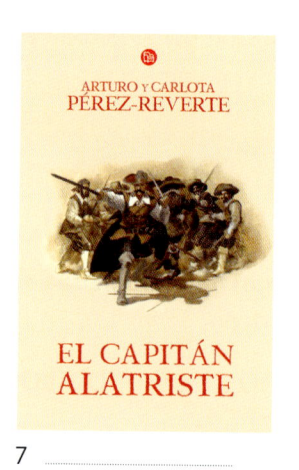

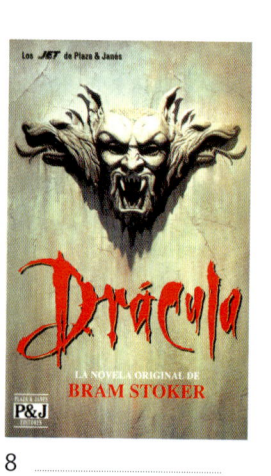

1 ....

2 ....

3 ....

4 ....

5 ....

6 ....

7 ....

8 ....

2 Pregunta y contesta a las siguientes preguntas.

1 ¿Qué libros del ejercicio 1 conoces?

2 ¿Con qué frecuencia lees?

3 ¿Qué tipos de novela te gustan?

4 ¿Cuál es tu libro favorito? ¿Por qué te gusta?

68 sesenta y ocho

3 Lee la ficha de *El capitán Alatriste* y contesta a las preguntas.

El capitán Alatriste

«No era el hombre más honesto ni el más piadoso, pero era un hombre valiente…». Con estas palabras empieza *El capitán Alatriste*, la historia de un soldado veterano de los tercios de Flandes que malvive como espadachín a sueldo en el Madrid del siglo XVII. Sus aventuras peligrosas y apasionantes nos sumergen sin aliento en las intrigas de la Corte de una España corrupta y en decadencia, en las emboscadas en callejones oscuros entre el brillo de dos aceros, en las tabernas donde Francisco de Quevedo compone sonetos entre pendencias y botellas de vino, o en los corrales de comedias donde las representaciones de Lope de Vega terminan a cuchilladas. Todo ello de la mano de personajes entrañables o fascinantes: el joven Íñigo Balboa, el implacable inquisidor fray Emilio Bocanegra, el peligroso asesino Gualterio Malatesta, o el diabólico secretario del rey, Luis de Alquézar. Acción, historia y aventura se dan cita en estas páginas inolvidables.

1 ¿Cómo y dónde vive el capitán Alatriste? _____
2 ¿Cuándo se desarrolla la historia? _____
3 ¿Qué dos escritores aparecen? _____
4 ¿Quiénes son los personajes? _____

4 Busca en internet información sobre Arturo Pérez-Reverte y completa su biografía.

BIOGRAFÍA

Arturo Pérez-Reverte nació en [1] _____ el [2] _____ y trabajó como [3] _____.
Su primera novela fue [4] _____.
El capitán Alatriste la escribió en [5] _____.

GRAMÁTICA

Estilo indirecto / Estilo directo

1 Empezando con las palabras indicadas, completa las frases en estilo directo.

1 Amanda me dijo que Alba estaba trabajando en una escuela infantil.
 «Alba _____ »
2 Le dije que mis padres y yo habíamos hecho un crucero por las islas griegas.
 «Mis padres y yo _____ »
3 Dijo que su profesora de español vivía en Buenos Aires.
 «Mi profesora _____ »
4 Dijo que, cuando viniera a España, se pasaría por mi casa.
 «Cuando _____ »
5 Le dije a Javier que la película empezaba a las 6:30 de la tarde.
 «La película _____ »
6 Ana me dijo que la audición sería por la mañana en el salón de actos.
 «La audición _____ »

2 Transforma en tu cuaderno a estilo indirecto.

• ¿Quieres escuchar música?
▪ No, prefiero ver una película.
Le pregunté si quería escuchar música y me dijo que no, que prefería ver una película.

1 • ¿Por qué no nos vamos este fin de semana de acampada?
 ▪ Porque es el cumpleaños de Alejandro y nos ha invitado a su fiesta.
2 • ¿Has encontrado el móvil?
 ▪ Creo que me lo ha cogido mi hermana.
3 • ¿Por qué no has terminado los deberes?
 ▪ Porque Rocío me llamó por teléfono.
4 • ¿Me prestarás tu bicicleta?
 ▪ Sí, puedes cogerla cuando la necesites.
5 • ¿Dónde has puesto las llaves?
 ▪ No sé, mira en el bolsillo de mi abrigo.

3 Completa el texto con las siguientes formas verbales.

explicó • habían llegado • estaría • contó
podíamos • parecía • encontré • pareció • dijo
presentaba • había empezado • pregunté

El otro día me [1] _____ con Clara y me [2] _____ que [3] _____ a trabajar como voluntaria en una ONG. Me [4] _____ en qué consistía el proyecto y me [5] _____ muy interesante. Le [6] _____ si [7] _____ quedar para el sábado y me [8] _____ que [9] _____ dos amigos de Salamanca para ayudar en las tareas de limpieza de la playa y que seguramente [10] _____ ocupada toda la mañana, pero que si me [11] _____ bien, podíamos ir a cenar juntas y así me [12] _____ a sus amigos.

4 Mira los dibujos y escribe las órdenes en estilo indirecto.

Profesora (callar)
La profesora dijo a sus alumnos que se callaran.

1 La madre (poner abrigo)

2 La camarera (no fumar)

3 Policía (no aparcar)

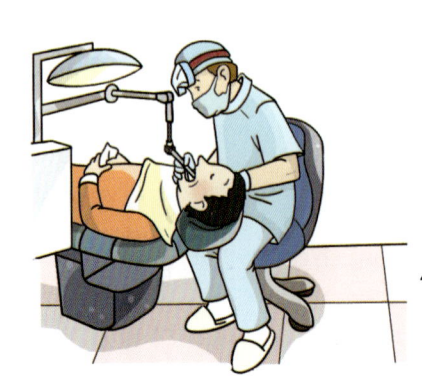

4 El dentista (abrir)

5 Escribe en estilo indirecto las siguientes órdenes, consejos o prohibiciones, según el ejemplo.

Profesor: Alejandro, abre el libro por la página 42.
Alumno: Te ha dicho el profesor *que abras el libro por la página 42.*

1 Vigilante: No toquen los cuadros, por favor.
Padre: El vigilante nos ha dicho _____.

2 Dentista: Lávate los dientes tres veces al día porque tienes muchas caries.
Madre: Ayer te dijo el dentista _____.

3 Padre: Sofía, no te olvides de llegar antes de las doce.
Madre: Ayer te dijo tu padre _____.

4 Doctor: No coma grasas y beba mucha agua.
Enfermera: El doctor le ha dicho _____.

5 Marta: ¿Nos vamos al teatro el sábado?
Paz: Ayer nos dijo Marta _____.

6 Policía: Está prohibido pisar el césped.
Madre: El policía nos dijo _____.

6 Encuentra los errores y corrígelos.

1. Mis padres me dijeron que tire la basura.

2. David me preguntó si estoy apuntada en el taller de literatura.

3. Le pregunté a Gema si ha encontrado las llaves y me dijo que no.

4. Yo le dije que cuando llegue a casa, lo llamaré. Pero no lo hice...

5. El profesor nos aconsejó que llevamos una gorra para el sol.

6. Ella me pidió que me lo piense.

7 Escribe en estilo directo dentro de los cuadros de diálogo de las viñetas.

1. Ella le preguntó qué quería ser de mayor y él contestó que quería ser bombero.

2. Mi madre me preguntó que si me lo estaba pasando bien sin videojuegos y yo le contesté que sí, que no me importaba estar sin videojuegos si tenía mi MP4 para escuchar música.

3. Mario le preguntó a Lucas por qué llevaba bolso y él respondió que se le había roto la mochila y no podía llevar los libros en la mano.

4. Ella le pidió que le ayudara a abrir el regalo y él le dijo que necesitaba tijeras.

5. La madre le preguntó que si había comprado el pan y él contestó que se le había olvidado y se había gastado el dinero en golosinas.

9

COMUNICACIÓN

1 Lee el anuncio sobre talleres de teatro. Después, contesta a las preguntas.

¿QUIERES DISFRUTAR LA AVENTURA DE HACER TEATRO?

Si te gusta el teatro y estás interesado en los cursos que ofrece «Escuela Lorca», ya puedes apuntarte.

Los talleres de teatro para jóvenes no pretenden formar actores o actrices, sino ayudar al adolescente a formarse como ser humano, a completar la tarea pedagógica que se lleva a cabo en las escuelas incidiendo en las áreas de aprendizaje relacionadas con la expresión.

GRUPOS
- de 13 a 15 años
- de 15 a 18 años

HORARIOS
- viernes, de 18:00 h a 20:00 h
- sábados, de 11:00 a 13:00 h y de 13.00 a 15:00 h

INFORMACIÓN Y MATRÍCULA
- Oficinas de la «Escuela Lorca»: c/ Hermanos Quintero, 12, 28014 Madrid.
- De 10:00 a 14:00 h y de 16:00 a 19:30 h.
- Tfno.: 91 333 15 27. Metro: Estrecho.
- Correo electrónico: informacion@escuelalorca.es

1 ¿Cómo se llama la escuela de teatro?

2 ¿A quién va dirigido el curso de teatro?

3 ¿Cuál es el objetivo?

4 ¿Qué días de la semana se imparten las clases?

5 ¿Dónde se puede formalizar la matrícula?

2 Completa la entrevista que ha realizado Begoña a Yolanda, una antigua compañera del instituto, que ahora escribe y dirige obras de teatro. Utiliza las siguientes frases. Después, escucha y comprueba.

a ¿Qué significa el teatro para ti?
b ¿Qué parte de tu trabajo te gusta más?
c ¿Cuándo empezó tu afición por el teatro?
d ¿En qué proyectos estás actualmente trabajando?
e ¿Cuál fue tu primera actuación?
f ¿En qué momento consideraste seriamente dedicarte profesionalmente al teatro?

Begoña: [1] _____

Yolanda: Cuando llegué al instituto; el profesor de literatura organizó una salida al teatro y yo me apunté. Vimos *La vida es sueño*, de Calderón de la Barca. Me encantó; a partir de ese momento, siempre que podía iba al teatro sola o con mis amigas.

Begoña: [2] _____

Yolanda: A los 16 años me apunté en el grupo de teatro del instituto y actué como protagonista en *Picnic*, de Fernando Arrabal.

Begoña: [3] _____

Yolanda: Al terminar el instituto. Decidí matricularme en la Escuela de Arte Dramático, y empecé a trabajar en un grupo de teatro llamado «Los Duendes».

Begoña: [4] _____

Yolanda: Aunque actuar es apasionante, me siento más a gusto escribiendo y dirigiendo obras de teatro.

Begoña: [5] _____

Yolanda: Estoy adaptando *Don Gil de las calzas verdes*, de Tirso de Molina. Además, enseño Técnicas de Actuación en la Escuela de teatro «Tramoya», en Aranjuez.

Begoña: [6] _____

Yolanda: Simplemente es mi vida, mi forma de relacionarme con el mundo y de desarrollarme como persona.

3 Imaginad que después de unos años os reencontráis con vuestros amigos en una reunión de antiguos alumnos y uno de vosotros es actor / actriz. Prepara con tu compañero una entrevista como la del ejercicio anterior. Escríbela en tu cuaderno.

COMUNICACIÓN Y VOCABULARIO

1 ¿Con qué género literario relacionarías las siguientes imágenes?

1 Novela de ciencia ficción
2 Novela de aventuras
3 Guía de viajes
4 Novela negra
5 Libro de cocina

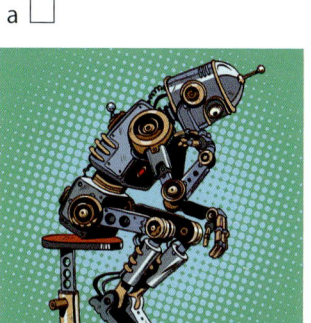

a ☐   b ☐   c ☐   d ☐   e ☐

2 Ordena las letras para obtener un tipo de género literario.

1 fatboirugoaaí
2 lonave ed astuvaren
3 asoyen
4 íagu ed jasive
5 alvone rihótacis
6 tuocen
7 neoval regan

3 Elige las palabras correctas.

1 Le regalé a mi padre un **libro / novela** de cocina para su cumpleaños.
2 *Drácula*, de Bram Stoker, es una novela de **terror / ciencia ficción**.
3 Al escribir su **novela / autobiografía** *Confieso que he vivido*, Pablo Neruda se centra fundamentalmente en su juventud.
4 *Rimas* es el libro de **poesía / ensayo** que más me gusta.
5 Cuando era pequeño, mi madre siempre me leía un **ensayo / cuento** antes de ir a la cama.

4 Completa las frases utilizando vocabulario de los ejercicios 1 y 2.

1 Cuando sea mayor, me gustaría escribir mi ....
2 El .... que me regalaste por mi cumpleaños tiene unas recetas muy ricas y fáciles.
3 A pesar de la información que ofrece internet, las .... suelen acompañar a los turistas en sus desplazamientos.
4 Me interesa mucho las historias sobre el pasado. Soy muy aficionado a la ....
5 Te aconsejo que no leas esa .... antes de dormirte. Ocurren cosas terribles.
6 Hay que tener mucha formación para entender este .... de filosofía.

5 Escribe las respuestas a estas preguntas sobre tus preferencias literarias.

1 ¿Qué clase de libros te gusta leer? ¿Por qué?

2 ¿Qué clase de libros no te gusta leer? ¿Por qué?

3 ¿Qué prefieres, leer una novela o ver su adaptación al cine? ¿Por qué? Pon un ejemplo.

9

DESTREZAS

🔊 ESCUCHAR

1 Completa el poema de José Agustín Goytisolo con las siguientes palabras. Después, escucha y comprueba.

> amigos • alegría • camino • nacido • nada
> pensando • quedo • interminable • bella

Palabras para Julia

Tú no puedes volver atrás,
porque la vida ya te empuja,
como un aullido
[1] ....,
interminable.
Te sentirás acorralada,
te sentirás, perdida o sola,
tal vez querrás no haber
[2] ....,
no haber nacido.
Pero tú siempre acuérdate
de lo que un día yo escribí
pensando en ti,
[3] .... en ti,
como ahora pienso.
La vida es [4] ....
ya verás,
como a pesar de los pesares,
tendrás amigos, tendrás amor,
tendrás [5] ....
Un hombre solo, una mujer,
así tomados, de uno en uno,
son como polvo, no son [6] ....,
no son nada.
Entonces siempre acuérdate,
de lo que un día yo escribí,
pensando en ti, pensando en ti,
como ahora pienso.

Nunca te entregues, ni te apartes,
junto al camino, nunca digas
no puedo más y aquí me
[7] ....,
y aquí me quedo.
Otros esperan que resistas,
que les ayude tu
[8] ....,
que les ayude tu canción,
entre sus canciones.
Entonces siempre acuérdate
de lo que un día yo escribí,
pensando en ti, pensando en ti,
como ahora pienso.
La vida es bella ya verás,
como a pesar de los pesares,
tendrás amigos, tendrás amor,
tendrás amigos.
No sé decirte nada más,
pero tú debes comprender,
que yo aún estoy en el
[9] ....,
en el camino.
Pero tú siempre acuérdate
de lo que un día yo escribí,
pensando en ti, pensando en ti,
como ahora pienso.

📋 LEER

2 Lee otra vez el poema y contesta a las preguntas.

1 ¿Cuál es el sentimiento que muestra esta poesía?
   a ☐ ánimo
   b ☐ decepción
   c ☐ ira

2 ¿Cómo se sentirá Julia?

3 A pesar de todo, ¿cómo es la vida? ¿Qué tendrá Julia?

4 ¿De qué debe acordarse? ¿Por qué?

5 ¿Cómo puede Julia ayudar a los otros?

✏️ ESCRIBIR

3 Ahora pon en marcha tu imaginación y conviértete en poeta. Escribe dos palabras que rimen con: *camino / amistad / interminable / canción*. Inventa un poema donde aparezcan seis de las palabras que has escrito. Escríbelo en tu cuaderno.

Transcripciones

PUNTO DE PARTIDA
COMUNICACIÓN
🎧 **Ejercicio 2**

A
CRISTINA: El sábado fui de compras con Patricia.
MARTA: ¿Qué compraste?
CRISTINA: Unos pantalones morados y una camiseta de rayas.
MARTA: ¿Dónde?
CRISTINA: En la calle Preciados, en Madrid.

B
VIGILANTE: ¿En qué puedo ayudarle?
JAVIER: ¿Puede decirme dónde están los servicios?
VIGILANTE: Por supuesto. Están en la planta primera, al lado de las escaleras.
JAVIER: Muchas gracias.
VIGILANTE: De nada.

C
ALBA: Sí, ¿dígame?
AMANDA: Hola, soy Amanda. ¿Qué vas a hacer el sábado por la tarde?
ALBA: Nada en especial. ¿Por qué?
AMANDA: Tengo dos entradas para el musical *Grease*. ¿Te vienes conmigo?
ALBA: Vale. De acuerdo.

UNIDAD 1 Cine y televisión
DESTREZAS
🎧 **Ejercicio 2**
ENTREVISTADORA: Hoy está con nosotros Valentín Gómez, un crítico de cine; pero esta tarde nos va a hablar de algunas curiosidades de los Óscar. Buenos días, Valentín.
VALENTÍN: Buenos días a todos. Sí, voy a hablar de curiosidades de los Óscar. Una de ellas es el Óscar que consiguió Peter Finch por su papel en *Un mundo implacable,* en 1976, que murió semanas antes de la ceremonia de la Academia. Otra muy interesante es la estatuilla de tamaño real y siete miniaturas que le entregaron a Walt Disney en 1939 por *Blancanieves y los siete enanitos*. También, en el año 2000, se robaron cincuenta y cinco estatuillas unas semanas antes de la gala. La mayoría de ellas se recuperaron gracias a un ciudadano que las encontró en el barrio coreano de Los Ángeles. El ciudadano asistió a la ceremonia como invitado especial. Por último, ya sabéis que antes los presentadores pronunciaban el famoso «The winner is…» cuando abrían el sobre con el nombre del ganador. Pero desde 1988 se utiliza la frase «The Oscar goes to…». Bueno, se me olvidaba contaros la última del 2008, cuando Javier Bardem consiguió el primer Óscar para un actor español por su trabajo *No es país para viejos*. El actor hizo historia al ser galardonado ese mismo año con el Óscar al mejor actor secundario, el Globo de Oro y el Premio de la Crítica. Es curioso, pero, por primera vez, ningún actor americano recogió un Óscar.
ENTREVISTADORA: Muchas gracias, Valentín, por estar con nosotros.

UNIDAD 2 Deportes y aventura
COMUNICACIÓN
🎧 **Ejercicio 3**
MONITOR: A ver, Sergio, ¿qué te ha pasado?
SERGIO: Me he caído cuando estaba bajando de la tirolina.
MONITOR: ¿Por qué te has caído, no estabas enganchado a la línea de seguridad?
SERGIO: No, me he despistado y me he resbalado de la escalera.
MONITOR: ¿Desde qué altura te has caído?
SERGIO: Desde unos dos metros y medio.
MONITOR: ¿Dónde te has hecho daño?
SERGIO: En la cadera.
MONITOR: ¿Te duele en otra parte del cuerpo?
SERGIO: No, pero estoy un poco mareado.
MONITOR: Creo que deberíamos ir al médico para que te haga una radiografía.

DESTREZAS
🎧 **Ejercicio 2**
Jesús Calleja se propuso un reto: subir las siete cumbres del planeta y el Lhotse, participar en dos *rallyes* y realizar una travesía por el Polo Norte. Todas estas actividades las tenía que realizar en solitario y en un plazo máximo de dos años y medio. A este reto lo bautizó como «Desafío extremo», un programa-documental para la cadena de televisión Cuatro, en España. La idea de realizar este programa surgió porque en una ocasión lo pasó muy mal buscando financiación para poder ir al Everest y, bajando de este, Jesús decidió hacer *Desafío extremo* porque pensó que, si realizaba una serie de aventuras seguidas, no tendría que buscar dinero cada vez que quisiera hacer una. Sabía que era muy difícil poner fecha a una aventura, pero como se trataba de sacar el proyecto adelante, tenía que vender una aventura en los sitios más difíciles, solo y en el plazo de dos años. Así, ha logrado los «ochomiles» al primer intento porque se ha creído el proyecto y ha sido muy disciplinado, entrenando todos los días hiciera el tiempo que hiciera. También ha sido paciente y ha sabido esperar el momento oportuno. Jesús es una persona de carácter feliz. Suele estar a gusto siempre pero, cuando regresa de nuevo a la sociedad, las cosas le llegan a agobiar de tal manera que no soporta esa presión. No quiere desconectarse nunca de la montaña porque solo es

feliz allí. Por último, considera que una aventura siempre ha de tener un riesgo, adrenalina, algo que estimule sus cinco sentidos, que tenga que estar alerta de todo para poder sobrevivir.

UNIDAD 3 Ciencia y tecnología
COMUNICACIÓN
[5] Ejercicio 2

1 El sistema solar está formado por una única estrella llamada Sol, que da nombre a este sistema, más ocho planetas que orbitan alrededor de la estrella.
2 El Sol contiene más del 99 % de la masa del sistema. Con un diámetro de 1 400 000 km.
3 El Sol se compone, de un 75 % de hidrógeno, un 25 % de helio y un pequeño porcentaje de oxígeno, carbono, hierro y otros elementos.
4 En el año 2006 una convención de astronomía en Europa declaró a Plutón como planetoide debido a su tamaño, quitándolo de la lista de planetas.
5 A unos 257 000 km/h tardaríamos una hora y cuarto en ir de la Tierra a la Luna y unas tres semanas (terrestres) en ir de la Tierra al Sol.

DESTREZAS
[6] Ejercicio 2
Trillizos en Doñana

La noche del miércoles, con un día de adelanto respecto a la fecha prevista, la lince ibérica Saliega parió tres cachorros en el centro de cría en cautividad del Parque de Doñana.
Después de cinco partos, Saliega ha tenido ya trece cachorros. El padre de los trillizos es Almoradux y esta es su primera descendencia dentro del programa de cría en cautividad. Esta es la séptima camada nacida en el Parque de Doñana, lo que aumenta las esperanzas de vida de la especie del lince ibérico.
Los científicos del programa de cría, que dirige Astrid Vargas, esperan estos días el parto de Dama –hija de Saliega– en el centro de cría del parque. De las dieciséis hembras que están siendo tratadas en Doñana, diez han dado positivo en el test de embarazo.

UNIDAD 4 La vivienda y los jóvenes
COMUNICACIÓN
[7] Ejercicio 2

JULIA: Bueno, mamá nos ha dejado una nota con las tareas de la casa que tenemos que hacer cada uno. ¿A ti qué te parece?
JAVIER: A mí lo que menos me gusta es fregar los cacharros.
JULIA: A mí no me importa; yo fregaré todos los días. Y tú, ¿qué quieres hacer? ¿Por qué no te encargas de planchar?
JAVIER: No, yo eso no. No soporto planchar, y además no se me da muy bien. Yo fregaré el suelo.
JULIA: ¡Vale, de acuerdo! Lo demás lo dejamos como está en la nota.

DESTREZAS
[8] Ejercicio 2

ALICIA: ¿Dónde has estado de vacaciones este verano?
CLARA: En Ámsterdam. Jorge trajo folletos de hoteles y su hermano nos aconsejó una casa-barco.
ALICIA: ¿Una casa-barco?
CLARA: Sí, era estupenda, tenía una habitación de matrimonio con unas vistas espléndidas al canal.
ALICIA: Pero ¿teníais agua corriente?
CLARA: Sí, por supuesto. Teníamos un cuarto de baño y todos los días echábamos los residuos en un contenedor.
ALICIA: ¿Y tenía cocina?
CLARA: Sí, claro, era una casa con todas las comodidades. Incluso tenía una terraza con plantas y flores, donde cenábamos todas las noches.
ALICIA: ¡Qué maravilla! ¿Cuántos días estuvisteis?
CLARA: Estuvimos una semana. También alquilamos unas bicicletas. Allí todo el mundo se mueve en bicicleta o en tranvía.
ALICIA: Seguro que visitasteis el museo Van Gogh.
CLARA: Claro: el museo Van Gogh, y también el Rijksmuseum y la Casa de Ana Frank.

UNIDAD 5 El cambio climático
COMUNICACIÓN
[9] Ejercicio 2

Vamos a escuchar a cuatro expertos en energía nuclear dándonos sus opiniones a favor y en contra del uso de la misma.
1 «Las centrales nucleares son imprescindibles para garantizar el suministro. No emiten gases de efecto invernadero y es la única fuente capaz de suministrar energía en cantidades importantes».
2 «La energía nuclear tiene graves problemas no resueltos, como por ejemplo los residuos radiactivos. Además, lo más importante es racionalizar el consumo, apostando por el ahorro y el consumo eficiente».
3 «La energía nuclear tiene muchas ventajas: es fiable, controlable y está disponible. Ofrece estabilidad de precios y garantía de seguridad».
4 «Es evidente que la energía nuclear emite muy poco CO_2 a lo largo de su ciclo de vida; pero es evidente también que el problema de la gestión a muy largo plazo de los residuos radioactivos bajo condiciones de seguridad, sigue siendo el gran inconveniente de la energía nuclear».

DESTREZAS
[10] Ejercicio 2

Para un uso responsable de la calefacción:
- no abras las ventanas con la calefacción encendida;
- ventila la casa no más de 15 minutos;
- instala un termostato en la calefacción y regúlalo para una temperatura de no más de 20 ºC en invierno.

Para un lavado más respetuoso con el medioambiente:
- llena la lavadora y emplea programas económicos.
A la hora de lavar los platos:
- elige el programa más económico;
- evita aclarar los platos antes de ponerlos en el lavaplatos;
- utiliza detergentes ecológicos.
Para un uso eficiente de la nevera:
- deja que los alimentos calientes se enfríen completamente antes de colocarlos en la nevera;
- evita mantener la puerta abierta mucho tiempo: puede ahorrar hasta un 5 % de energía.
Iluminación:
- aprovecha la luz del día;
- apaga las luces al salir de las habitaciones;
- sustituye las bombillas «normales» por otras de bajo consumo. El precio de compra es mayor, pero amortizarás pronto la inversión, pues consumen un 80 % menos y duran ocho veces más.
Aire acondicionado:
- antes de utilizar un aparato de aire acondicionado, plantéate si realmente lo necesitas. Existen posibilidades de refrigeración más baratas y ecológicas (toldos, ventiladores, etc.);
- cierra las ventanas y baja las persianas en las horas de más calor y ábrelas cuando refresque;
- utilízalo siempre a una temperatura razonable: el frío excesivo aumenta considerablemente el consumo de energía.
Ordenadores:
- el monitor es el principal responsable del gasto eléctrico de los ordenadores y su tamaño determina su consumo energético. El salvapantallas, que implica un ahorro significativo, es el que funciona en modo «pantalla en negro». Se aconseja un tiempo de diez minutos para que entre en funcionamiento.
El gasto de los electrodomésticos «en reposo»:
- muchos electrodomésticos siguen consumiendo energía mientras están apagados. Son los que quedan con un piloto encendido en posición de reposo a la espera de que alguien accione el mando a distancia.
Estos consumos, pequeños pero permanentes, pueden hacer que un aparato consuma más energía en el tiempo que está en espera, que en el que está en uso. Por ello apaga los aparatos que queden conectados permanentemente a la red.

UNIDAD 6 Multiculturalidad
COMUNICACIÓN
Ejercicio 2
LUCÍA: Este verano he estado quince días en Inglaterra aprendiendo inglés con una familia.
RAMIRO: ¡No me digas! Y ¿qué tal?
LUCÍA: Bien. Bueno, al principio me costó un poco adaptarme.
RAMIRO: ¿Y por qué?
LUCÍA: Los horarios de la comida son diferentes a los nuestros. Cenábamos a las seis de la tarde.
RAMIRO: ¿Y a qué hora se van a la cama, a las siete?
LUCÍA: ¡Qué va! Se van a las once. También les molesta que llegues tarde, porque ellos son muy puntuales.
RAMIRO: Pues en mi casa todos llegamos tarde.
LUCÍA: Otra cosa curiosa era cuando hablábamos, ya sabes, yo muevo mucho las manos y los brazos mientras hablo, y ellos se quedaban sorprendidos porque no están acostumbrados a tantos gestos.
RAMIRO: ¡Qué serios!
LUCÍA: Bueno, no lo son tanto, solo son distintas costumbres.

DESTREZAS
Ejercicio 2
RAÚL: Laura, recientemente has hecho un reportaje de la Asociación Kamabai. ¿Cómo surgió la idea de formar la Asociación?
LAURA: La actual presidenta y otros compañeros conocieron a un misionero que trabajaba en Sierra Leona, en la región de Kamabai, y él los animó a crear una asociación para ayudar.
RAÚL: ¿Nos podrías contar en qué consiste la actividad que hacen?
LAURA: Colaboran en proyectos de educación y sanidad en la región de Kamabai.
RAÚL: ¿Me puedes concretar las acciones que están realizando últimamente?
LAURA: Han construido una escuela y dotado de material escolar a otras. También mandan dos veces al año contenedores de veintidós toneladas, cada uno con alimentos, material sanitario y de carpintería.
RAÚL: ¿De quién reciben ayudas?
LAURA: Reciben ayudas de entidades privadas, como bancos y empresas, y donativos de particulares.
RAÚL: ¿Qué planes tienen para el futuro?
LAURA: Sus planes se centran en la educación secundaria, que es donde los niños tienen más problemas.
RAÚL: ¿Hay adolescentes que colaboran en el proyecto?
LAURA: Bueno, la Asociación trabaja con distintos centros educativos y con adolescentes que organizan actividades como mercadillos, exposiciones y entrevistas a la gente que viene de Sierra Leona.
RAÚL: ¿Cómo se puede colaborar?
LAURA: Apadrinando a niños, adolescentes y maestros, así como donando materiales y dinero.
RAÚL: Gracias, Laura. Espero que la Asociación Kamabai pueda seguir contando con la suficiente ayuda para continuar con su necesaria labor.

UNIDAD 7 ¡Gastar y gastar!
COMUNICACIÓN
🎧 **Ejercicio 2**
ATENCIÓN TELEFÓNICA: Sí, buenos días. Le atiende Miguel Costa. ¿En qué puedo ayudarle?
ROSA: Hola, buenos días. Quisiera informarme sobre el Depósito Funky que ustedes ofrecen.
ATENCIÓN TELEFÓNICA: Muy bien, ¿quiere que concertemos una cita?
ROSA: Vale, de acuerdo. ¿Cuándo podría ser?
ATENCIÓN TELEFÓNICA: ¿Le va bien el jueves por la tarde?
ROSA: Sí, está bien. ¿A qué hora?
ATENCIÓN TELEFÓNICA: ¿Qué le parece a las cinco de la tarde?
ROSA: No, a las cinco no puedo. Tengo clase de Informática a las cinco y media. ¿Podría ser a las cuatro?
ATENCIÓN TELEFÓNICA: Sí, de acuerdo. ¿Cómo se llama?
ROSA: Rosa Sierra.
ATENCIÓN TELEFÓNICA: De acuerdo, señora Sierra. Entonces nos vemos el próximo jueves, a las cuatro.
ROSA: Vale, gracias.

DESTREZAS
🎧 **Ejercicio 2**
ENTREVISTADOR: Hola, ¿nos puedes contestar a una entrevista sobre hábitos de consumo?
EVA: Sí, no hay problema.
ENTREVISTADOR: Gracias. Por cierto, mi nombre es Carlos, ¿cuál es tu nombre y qué edad tienes?
EVA: Eva, tengo 16 años.
ENTREVISTADOR: Muy bien, Eva. ¿Cuáles son tus tiendas de ropa favoritas?
EVA: Zara, Mango y Bershka.
ENTREVISTADOR: ¿Me puedes decir cuánto te gastas al mes en ropa?
EVA: Bueno, no todos los meses me compro algo, pero cuando lo hago me gasto unos 30 o 40 euros en algún capricho, aparte de la ropa que me compran mis padres.
ENTREVISTADOR: ¿Cuánto dinero te dan tus padres para gastos?
EVA: Unos 70 euros al mes.
ENTREVISTADOR: ¿En qué te lo gastas?
EVA: En salir con los amigos. Vamos al cine, comemos una hamburguesa o una *pizza*. Cuando consigo ahorrar algo, me compro un móvil o un MP4.
ENTREVISTADOR: ¿Navegas habitualmente por internet o utilizas programas de mensajería?
EVA: Las dos cosas. Todos los días me conecto al Messenger y a Facebook.
ENTREVISTADOR: Esto es todo. Muchas gracias por tu colaboración.

UNIDAD 8 Relaciones personales
COMUNICACIÓN
🎧 **Ejercicios 1 y 2**
ANDREA: ¿Qué te pasa, Lorena?
LORENA: ¡Ay! Es que estoy enamorada de un chico de otro país.
ANDREA: ¿Sí? ¿Y cómo lo conociste?
LORENA: Lo conocí en un curso de intercambio de inglés.
ANDREA: ¿Cómo es?
LORENA: Es simpático, agradable, guapo y me hace reír.
ANDREA: ¡Uau! Lo tiene todo, ¿se lo vas a contar a tus padres?
LORENA: La verdad es que no sé cómo decírselo, ya sabes que tengo muy buena relación con ellos, pero me da un poco de corte.
ANDREA: Yo creo que deberías contárselo, seguro que te dejan que te escribas con él por correo electrónico o que, cuando alguna vez vuelva a España, puedas quedar con él.
LORENA: Sí, les voy a decir que estoy enamorada de un chico alemán. Tengo mucha confianza con ellos.

🎧 **Ejercicio 3**
ARTURO: A mí me encantan las vacaciones de verano porque es cuando mejor me entiendo con mis hermanos. ¡Son tan divertidos!
EMILIO: ¿Divertidos? Pues mi hermana es aburrida y caprichosa; tiene un carácter inaguantable. Estoy deseando volver al instituto.
ARTURO: ¿Sí? ¿Por qué lo dices?
EMILIO: Porque en verano es cuando más nos peleamos.
ARTURO: Pues a mí mis hermanos me caen muy bien. Son generosos y me gusta hablar y jugar con ellos.
EMILIO: La mía se pone furiosa cuando mis padres me dejan ir a casa de algún amigo. Yo creo que está realmente celosa de mí.

DESTREZAS
🎧 **Ejercicio 2**
Diálogo 1
PEDRO: La fiesta fue un completo aburrimiento, y tú no me hiciste caso.
ELSA: Lo que no puedes hacer es no relacionarte con nadie.
PEDRO: ¿Y qué podía hacer yo? No me presentaste a ninguno de tus amigos.
ELSA: No puedo estar siempre detrás de ti. De vez en cuando necesito ir a mi aire.
PEDRO: Pues para otra vez no me digas que vaya contigo.

Diálogo 2
ELSA: Necesito que me ayudes con esta hoja de cálculo, ¿puedes ahora?
PEDRO: Déjame un minuto, que tengo que terminar de enviar este correo.

ELSA: Sin tu ayuda, no voy a poder continuar, y es importante.
PEDRO: Seguro que sí, pero si no me dejas que acabe de escribir el correo, no voy a poder atenderte.
ELSA: Vaya, veo que te ha molestado que te haya interrumpido.

Diálogo 3
ELSA: He invitado a mi hermano a comer mañana.
PEDRO: Vaya, justo el día que estaba pensando para irnos al campo a pasar el día. Seguro que viene con tu cuñada: ya sabes que no la soporto.
ELSA: A mí también me apetece dar un paseo fuera de la ciudad, pero hace mucho que no hablo con mi hermano. Y creo que podemos ir otro día, ¿qué te parece?
PEDRO: Bueno, como tú quieras.

UNIDAD 9 Literatura y teatro
COMUNICACIÓN
Ejercicio 2

BEGOÑA: ¿Cuándo empezó tu afición por el teatro?
YOLANDA: Cuando llegué al instituto; el profesor de literatura organizó una salida al teatro y yo me apunté. Vimos *La vida es sueño*, de Calderón de la Barca. ¡Me encantó! A partir de ese momento, siempre que podía iba al teatro sola o con mis amigas.
BEGOÑA: ¿Cuál fue tu primera actuación?
YOLANDA: A los dieciséis años me apunté en el grupo de teatro del instituto y actué como protagonista en *Picnic*, de Fernando Arrabal.
BEGOÑA: ¿En qué momento consideraste seriamente dedicarte profesionalmente al teatro?
YOLANDA: Al terminar el instituto. Decidí matricularme en la Escuela de Arte Dramático, y empecé a trabajar en un grupo de teatro llamado «Los Duendes».
BEGOÑA: ¿Qué parte de tu trabajo te gusta más?
YOLANDA: Aunque actuar es apasionante, me siento más a gusto escribiendo y dirigiendo obras de teatro.
BEGOÑA: ¿En qué proyectos estás actualmente trabajando?
YOLANDA: Estoy adaptando *Don Gil de las calzas verdes*, de Tirso de Molina. Además, enseño Técnicas de Actuación en la Escuela de teatro «Tramoya», en Aranjuez.
BEGOÑA: ¿Qué significa el teatro para ti?
YOLANDA: Simplemente es mi vida, mi forma de relacionarme con el mundo y de desarrollarme como persona.

DESTREZAS
Ejercicio 1
Palabras para Julia

Tú no puedes volver atrás,
porque la vida ya te empuja,
como un aullido interminable,
interminable.
Te sentirás acorralada,
te sentirás, perdida o sola,
tal vez querrás no haber nacido,
no haber nacido.
Pero tú siempre acuérdate
de lo que un día yo escribí
pensando en ti, pensando en ti,
como ahora pienso.
La vida es bella ya verás,
como a pesar de los pesares,
tendrás amigos, tendrás amor,
tendrás amigos.
Un hombre solo, una mujer,
así tomados, de uno en uno,
son como polvo, no son nada,
no son nada.
Entonces siempre acuérdate,
de lo que un día yo escribí,
pensando en ti, pensando en ti,
como ahora pienso.
Nunca te entregues, ni te apartes,
junto al camino, nunca digas
no puedo más y aquí me quedo,
y aquí me quedo.
Otros esperan que resistas,
que les ayude tu alegría,
que les ayude tu canción,
entre sus canciones.
Entonces siempre acuérdate
de lo que un día yo escribí,
pensando en ti, pensando en ti,
como ahora pienso.
La vida es bella ya verás,
como a pesar de los pesares,
tendrás amigos, tendrás amor,
tendrás amigos.
No sé decirte nada más,
pero tú debes comprender,
que yo aún estoy en el camino,
en el camino.
Pero tú siempre acuérdate
de lo que un día yo escribí,
pensando en ti, pensando en ti,
como ahora pienso.